硯学ビジネス双書

岡田卓也の時代

公器の理念が支えた静かなる流通革命

"Japan United Stores COmpany"

石井淳蔵 著

発行所：碩学舎／発売元：中央経済社

目次

第1章

岡田ジャスコを見る二つの視点

▲岡田　卓也

本書は、わが国における流通革命の一翼を担ったジャスコの誕生とその発展の歴史を、同社創業者の岡田卓也の活躍を中心に見ていくものである。始めるにあたって本章では、本書全体を通しての問題意識を明らかにする。

さて、ここでいう流通革命とは、戦後日本の経済復興とともに、商品流通の構造が大きく変貌した事態を指している。一九五〇年代中葉から八〇年代中葉頃までの時期がそれに該当するだろう。流通革命以前のわが国の商品流通は、主として街場に立地した家族経営の小売商によって担われていた。それら多数の零細小売商を支えるべく、同じように多数の卸売商が複数段階にわたり存在していた。結果的に、製造から卸売、そして小売へと至る商品の流れは細くかつ複雑なものであった。そこに、低価格大量販売を旨とするスーパーマーケットの小売業態が勃興し、小売市場を席巻していった[1]。

さて、その革命の一翼を担って登場したのがジャスコである。当時、三重県四日市市にあった株式会社岡田屋社長の岡田卓也が姫路市の同業のフタギ株式会社の社長の二木一一《ふたぎかずいち》に合併の声がけをし、そこに大阪府吹田市の株式会社シロ社長の井上次郎も加わって、一九七〇年に三社合併構想の下に生まれた会社である。

だが、合併当時においては、三社はいずれもスーパーマーケット業界でもローカルな存在で、

〔図表1〕ジャスコの歴史の概略

年	出　来　事
1758年	初代岡田惣左衛門により四日市で岡田屋創業
1926年	六代目岡田惣一郎、株式会社岡田屋呉服店設立
1928年	岡田田鶴（岡田卓也の母）、岡田屋当主となる
1937年	二木一一、姫路市でフタギを開業
1937年	小嶋千鶴子（岡田卓也の姉）が岡田屋当主となる
1946年	岡田卓也、岡田家当主となる
1949年	二木一一、フタギ株式会社を設立
1955年	井上次郎、飯田株式会社（後の株式会社シロ）設立
1958年	四日市市にオカダヤ開業（セルフサービス方式）
1961年	フタギ、加古川市にSMチェーン1号店出店
〃	豊中市庄内に量販店・シロ開業
1962年	スーパーマーケット・オカダヤを桑名市で開業
1963年	飯田からシロへ社名変更。本格的チェーン化
〃	オカダヤ、チェーン化のスタート
1969年	本部機構ジャスコ設立
1970年	ジャスコ第一次合併（ジャスコ誕生）
1972年	ジャスコ第二次合併、地域法人制度開始
1973年	ジャスコ第三次合併
1974年～	共存共栄型ショッピングセンター開始
1976年	ジャスコ第四次合併（扇屋、伊勢甚との合併）

この合併もどちらかというと弱小連合の域を出るものではなかった。しかしその後、ジャスコは、岡田と二木、そして岡田の姉の小嶋千鶴子の三人が中心となって、幾多の合併を重ね成長する。その後、一九八九年にはグループ名をイオンに変更し、二〇〇一年には

「イオン株式会社」へと商号を変更する。

ジャスコをめぐる歴史の全体像を把握するために、ジャスコを設立する岡田屋、フタギ、シロの三社について合併前後のごく簡単な年表を示しておく（図表1）。

本書での筆者の関心は、ジャスコの誕生と発展の歴史にある。その話を始める前に、どうしてそうした関心を抱くのか、その拠って来たる問題意識をここで整理しておきたい。それは本書を読み進めていただく読者の道案内にもなるだろう。

本書では、次の二つの問題意識がある。ひとつは「公器としての会社」の思想を中心とする商人思想史の視点、もうひとつは比較企業者史の視点での問題意識である。図式化しておこう（図表2）。

〔図表2〕本書の2つの視点

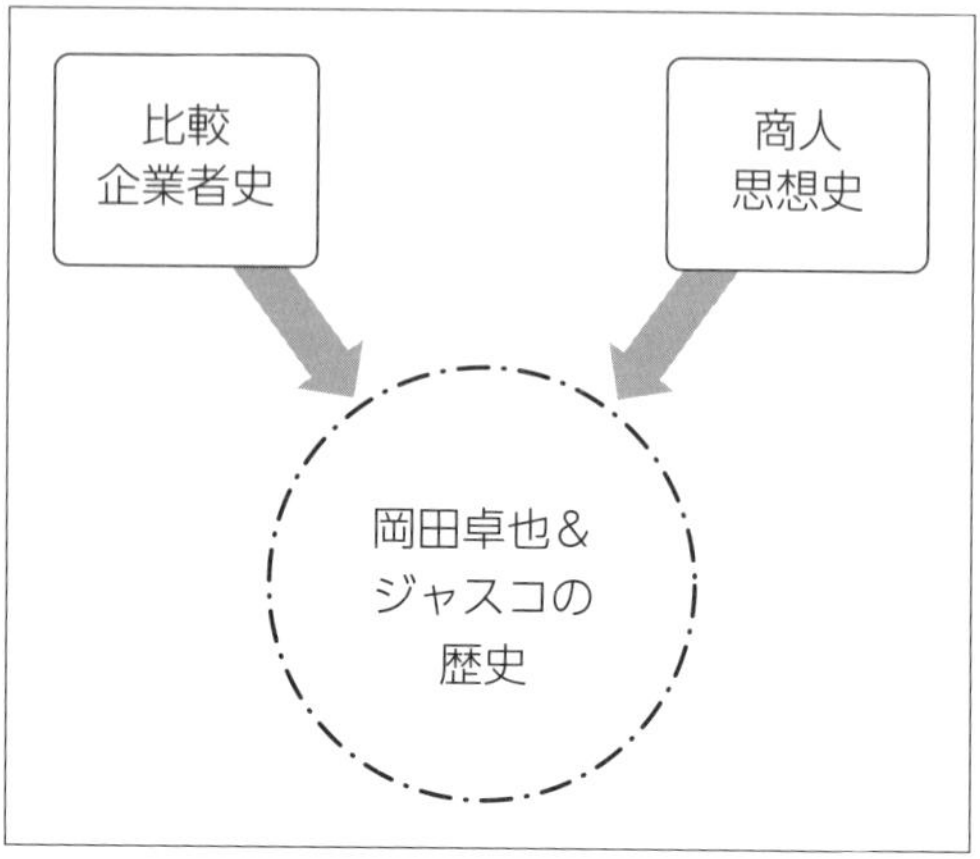

順に説明しよう。

❖商人思想史の視点

本書の第一の視点は、日本の社会経済のなかで引き継がれてきた商人思想史の視点である。

そこにおいて注目したいことは、岡田屋トップの岡田と彼の姉にあたる小嶋千鶴子、そしてフタギのトップの二木が中心となって，「社会の公器としての店」「心と心の合併」「連邦制経営」といった流通革命期の一局面を切り拓く魅力ある思想・観念が生み出されたことである。魅力ある思想・観念は，社会変革を促すうえで大いなる力の源泉となる。なぜなら，それら思想は，多くの人の関心や共感や感動を呼び起こし，人々の連帯の広がりを生み，それがなければ生み出せないような大きい変革勢力の渦を生み出すからである。[2)]

彼らが依拠した思想の核となるのは，「社会の公器としての店」の観念である。その観念が意味するところは，店（あるいは会社）はだれか特定の少数者の意のままに処分することが許された所有物・専有物ではないことである。それとは逆に，社会やその店の顧客やその店で働く人々が等しくかかわりをもちうる存在であることが強調される。

この「公器」の思想は，日本の社会において昨日今日，突然生まれたものではない。その起源を遡れば，三百年ほど前の江戸時代の石門心学《せきもんしんがく》にたどり着く。それが思想としてかたちを整え，世に定着し，明治・大正時代を経て受け継がれてきた。その心学の中核となるのが，この「店は公器」の思想である。日本には世界に類をみないほど多数の老舗が存在しているが，それら老舗の会社は多かれ少なかれこの思想とかかわりがあると思われる。ジャスコの母体となった岡田屋はその典型例でもあるだろう。[3)]

老舗の商人たちは，この「店は公器」の思想に則って，みずからに与えられた商人としての「使命」や，みずからに課した商売ないしは社会の「規範」に沿って商いを続ける。店はもちろん利益なくしては存在できないが、だからといって利益のみが専一に追求されるわけではない。

現代の資本主義世界においては、会社の支配者は会社の所有者である株主だと考えられている。そして、その株主の委託を受けて専門経営者が会社を経営する。その体制下で編成された会社では、収益性志向の判断が徹底追求され、結果的にそれを貫徹できた経済的強者だけが生き残るとされる冷徹な世界である。そうした冷徹な世界にあって、「店への所有や専有欲をもたない」とか「商人として社会から負託された使命を果たす」とか「利益以外にも大切なことがある」といったことを商人の規範とする商人思想は一見、場違いに見える。

しかし、そうした冷徹な世界にあっても、その「店は公器」の思想は日本の経済社会のなかに現在でもなお生きている。ジャスコの場合は、その思想が経営上の理念となり現実に貢献してきている。伝統的な商人思想が、岡田たちによって新たな息吹《いぶき》を与えられ、多くの商人たちがそれに共感し、ジャスコという会社が現実に生まれ育っていったと、見ることができるのである。これがジャスコの歴史を見るための第一の視点となる。

❖比較企業者史の視点

本書は、私にとっては、流通革命にかかわった企業者の評伝の二作目になる。一作目はダイエー創業者中内㓛のそれである（石井・二〇一七ａ）。本書において岡田ジャスコの考えや目指すところを明らかにするうえで、中内ダイエーとの違いは大事な補助線ないしは参照点になる。

前著の中内と本書の岡田、両氏は戦後ほぼ同時期、先行きもおぼつかない流通革命の大海に舟を漕ぎ出し、共に流通革命を先導する業界リーダーとなっていった。しかし、両人の流通革命にかける思いや経営スタイルには大きい違いがあった。同じ時代、同じ世界でほぼ同一の課題に直面したにもかかわらず、二人が出した答えは大きく違っていたわけである。

両氏が流通革命に挑むにあたって持っていた流通世界観がそもそも大きく違っていた。その違いは、次の四点に沿って整理できる。流通革命に向けての基本姿勢、その志向、それらを受けた会社の戦略、および組織である。

中内が思い描く流通世界観は、私の前著および前論文（石井・二〇一七a、同b）からこの四点に沿って整理すると次のようになる。

① 既存の大手製造業者に対抗しうる経営体制を構築する。最終的にはファブレス・メーカー（工場をもたないメーカー）を目指す。

② 徹底したフォア・ザ・カスタマーの追求。

③ 圧倒的な規模の経済の獲得を目指して、積極的な売場拡張・店舗出店を進める。

④ 経営トップの意思が組織の末端まで貫徹する専権的な経営体制を築く、

と、こうしたものであった。

他方、本書で取り上げる岡田は、同様に流通革命の重要な一翼を担ったが、中内とは対照的な流通世界観を持っていたように見える。詳しくは以下の諸講で述べていくことになるが、同じく先の四点に沿って整理すると次のようになる。

①　流通や経営における歴史的な伝統や秩序を重視する。

②　これまで築き上げられてきた商人同士の信頼関係を重視する。

③　合併と提携を中心として会社成長を図る。

④　合併した個々の会社の独立性や自由裁量性を重視した「連邦制経営」体制を目指す。

こうした流通世界観であった。

それぞれの項目を比較すれば、両氏の世界観が対照的であることがわかるだろう。わが国において、戦後の同時期／同一領域／同一業界において、業界トップを競った両雄であったが、まさに同床異夢、つまり同じ舞台で似たような振る舞いをしているように見えていても二人は異なる夢を見ていた、そう見える。そしてその違いを知ることで、岡田ジャスコの特徴を際立たせることができる[4)]。

以上二点が、本書を通しての二つの視点になる。

歴史は、現在（ないしは現在から見る未来）と過去との対話だと言われる。過去はそれだけでは膨大な出来事の無秩序な羅列に過ぎない。私たちが現在、どういう課題を抱え、どのような未来を見ようとしているかを明らかにすることによって初めて、無秩序に堆積した過去の出来事をひとつの物語として整序することができる。「歴史とは、現代（ないしは未来）と過去との対話である」ということばの意味は、そこにあると考えている。こうした歴史を見る立場に立って本書は編まれている。

ここに述べた二つの視点が過去と現在（ないしは未来）との対話の軸となる物語を紡ぎ出せているかどうか、さらにはその物語が読者の共感を得ることができるかどうか、それは読者の評価を待つしかない。

❖本書の構成

本書は、読みやすくなるように章を刻み、十一章立てにしている。

第2章では、イオンの前身のジャスコのそのまた前身である岡田屋の歴史と伝統をたずねる。太平洋戦争をあいだに挟み戦前から戦後にかけての厳しい時代の岡田屋を率いたのは、岡田卓也の姉の小嶋千鶴子である。彼女が提唱する「公器としての店」の経営思想の源と背景を探る。

第3章では、若くして千鶴子から当主の座を引き継いだ岡田卓也が、岡田屋復興を図るなかで地域の商人として誇りをもって活躍する姿を見る。そのなかで全国チェーンへの夢が芽生える。

第4章では、ジャスコ設立の三社合併に至る過程を見る。祝福されるべきジャスコ誕生であったが、その前段階である共同仕入機構の設立において、合併当事者であったシロの挫折という思いがけない困難に直面する。それに対して、経営陣は捨て身で解決に挑む。

第5章では、ジャスコ誕生において掲げられた指針は「心と心の合併」であったが、その指針の背景を探る。そのなかで、岡田屋の合併相手となりジャスコ発展の理念的基盤をつくったフタギ株式会社社長の二木一一の創業の姿を見る。

第6章では、ジャスコが「連邦制経営」の理念を確立し、地域法人制度を軸に成長していく姿を見る。ジャスコの理念と思想に共鳴する安田栄司、綿引敬之輔、近野兼史、阿河《あが》勝たち商人がジャスコに集結する姿を見る。

第7章では、「大黒柱に車をつけよ」という岡田屋以来の家訓にしたがって、岡田が最優先で取り組んだ店舗改廃の取組みを取り上げ、その意義を明らかにする。

第8章では、ジャスコは都心近辺の主戦場を避け、地方市場に進出した様子を探る。地域ジャスコ制度に加え、共存共栄型ショッピングセンターというジャスコらしい戦略を繰り出していく。

ジャスコがイオンと名前を変えたあとの話は本書では扱わないが、第9章では、株式会社カスミとの提携・統合の経緯に触れておきたい。イオンと名前が変わっても、ジャスコの理念や風土はなお続いていることのひとつの傍証になればと思っている。

第10章は、以上の議論のまとめの章になる。ジャスコの独特の理念をベースとする経営スタイルを浮き彫りにする。

最後の第11章では、本章で述べた二つの視点に沿って考察を深める。

注

1) ここでスーパーマーケットとは、「高頻度に消費される食料品や日用品等をセルフサービスで短時間・短期間に販売を行い、商品を安価に販売することを追求する小売業態」という一般的理解にしたがうことにする。この新しい業態については、一般に「スーパーマーケット」「スーパーストア」「総合スーパー」といったいくつかの名称が流布している。業態が誕生した初期、食品中心で発展したスーパーマーケットと、衣料品中心に展開したスーパーストアの二タイプが識別されていた。その後、食料品や衣料品など幅広いカテゴリーにわたって商品群を品揃えした業態が生まれたが、それは総合スーパーと一般に呼ばれた。本書では、しかし、それらの細かい業態差異を区別せず、スーパーマーケットの用語を用いる。なお、文脈に応じて総合スーパーの名称は用いる。

2) ジャスコ誕生時の、せいぜい三十年という短い期間が本書で対象とした時期である。その期間においてひとつの思想が渦を巻き起こし、多くの商人たちの共感が集まり、彼らが互いに協力し合うなかで現実の姿かたちをとるようになった。

3) 帝国データバンクによると、業歴百年を超える日本の老舗企業は、二〇二三年九月時点で四万三六三一社を数える。コロナ期間中も変わることなく、毎年およそ二〇〇〇社が業歴百周年を迎えているという。老舗企業のこの数字は、周知のように世界中を見渡しても圧倒的多数である（帝国データバンク「特別企画：全国「老舗企業」分析調査」二〇二三年より）。

4) 両者いずれの流通世界観が正しいか、どちらの経営スタイルが優れているかの議論は、本書では扱わない。というのも、正邪・優劣の議論に決着をつけるのは思うほど簡単ではなく、得てして「信長が好きか、家康が好きか」といった好みの議論に陥ってしまいがちであるからだ。それより、岡田と中内の足跡から教訓を得ようとするのなら、①両人がよく似た状況でよく似た課題に直面しながらも、それぞれが出した答えは大きく違っていたこと、②それが流通革命時、相並んで共存していたこと、そして③

互いに切磋琢磨するなかで当時の人々の想定を上回る未知の現実が展開していったこと、に着目したほうが面白い。それにより、「もしダイエーがいなければジャスコは生まれただろうか」、あるいは逆に「もしジャスコが生まれなければ、ダイエーはどのような成長を遂げただろうか」という仮想的な世界を想像すれば、両雄が互いに競い合うなかで未知の現実が切り拓かれていったことが理解できるだろう。

第2章

岡田屋の伝統
―公器の理念

本書では、ジャスコはなにを目指したのか、そしてそのことの意義はなんだったのかを探ることが課題である。そのために、ジャスコの前身となる岡田屋の歴史を知っておかなくてはならない。岡田屋の歴史を知ることで、ジャスコ設立の意図やそのことの意義を初めて理解することができる。

岡田屋は、江戸時代の一七五八年、初代岡田惣左衛門により宿場町四日市で創業された。その後、明治・大正・昭和を老舗の呉服屋として生き抜いてきた。本書の主人公となる岡田卓也は、戦後その岡田屋の当主となる。彼は、太平洋戦争で早稲田大学在学のまま鹿島灘海岸駐屯地で兵役に就いていたのだが、一九四五年八月一四日に敗戦の詔勅が出され、九月に三重県四日市市の実家へ復員・帰郷した。本書の話はここから始まる。

その時期、岡田屋は、九歳違いの姉の小嶋千鶴子が当主を務めていた。その跡を卓也が引き継ぐわけだが、この若い二人が戦後の岡田屋の経営を担うことになる。二人は「商家岡田屋で培われた経営の伝統」を味方につけて、会社経営に挑んだのだが、まずは岡田屋の経営の伝統とはどういうものか、そして彼らはそれをどう生かそうとしたのか、本章ではそれを探っていく。

1　岡田屋の歴史

さて、その岡田屋だが、その当時、岡田屋は太物《ふともの》や小間物を扱う小売商であったが、店は表通りの横道にあって、客を待って商売ができるという恵まれた場所ではなかった。そのため、岡田屋の商売は代々、行商中心に行われた。

その後、時代が明治に変わり、一八八七年に、岡田屋五代目の岡田惣右衛門は、横町の久六町から当時の繁華街であった同じ四日市の「辻」に店を移した。岡田屋の名はこの時からだという（ジャスコ・二〇〇〇）。

❖岡田屋五代目惣右衛門（一八四九～一九二〇）による革新

五代目惣右衛門が活躍したのは、ちょうど日本が近代国家に脱皮し始めた頃である。一九八五年には国会が開設され、伊藤博文が初代内閣総理大臣に就任し、八八年には大日本帝国憲法が発布されている。

惣右衛門も、岡田屋の経営においてそれまでの家業から近代的な会社への転換に向けていくつかの革新を行っている。

第一に、それまでの行商方式から出張売り出し方式（出かけて行って広い場所を借りて店を開く方式）へ切り替えたこと、第二に正札販売へ切り替えたこと、第三に「見競《みくらべ》勘定」という貸借対照表、損益計算書の考えを取り入れた複式簿記を採用したこと、そして第四に店の運営のための諸規則を制定したこと、がそれである。この諸規則制定には、今でいう就業規則、給与ならびに経理規程、店員実務の手引きなどが含まれていた。現代に伝わる「岡田屋の伝統」は、この五代目の経営改革の中でかたちづくられた。

惣右衛門は、一八九七年には再度、店舗を「辻」から西へ二軒目の北側の家、北町一番屋敷へと移転させている。「大黒柱に車をつけよ」という岡田屋の家訓はこの五代目惣右衛門の頃に生まれたものである。

❖六代目惣一郎による革新

その後を引き継いだ六代目岡田惣一郎（一八八五〜一九二七）は、千鶴子と卓也の父にあたる。彼は、昭和に入った一九二六年に、資本金二五万円で株式会社岡田屋呉服店を設立した。

わが国の株式会社制度は、第一国立銀行に始まる。当初は鉄道会社などの国策会社が主だったが、株式会社が次々設立された。小売業分野では、一六七三年創業の三越が一九〇四年に株式会社三越呉服店を設立した。一七一七年創業の大丸も同時期の一九〇七年に資本金五〇万円で「株式合資会社大丸呉服店」を、そして一九二〇年に資本金一二〇〇万円で「株式会社大丸呉服店」を設立した。歴史ある三越呉服店からは二〇年遅れ、大丸呉服店とはほぼ同時期に岡田屋も株式会社へと変わったわけである。

六代目惣一郎はさらに、それまで呉服一筋であった岡田屋の商売を拡大し、洋品にも進出した。下着やシャツについては、それぞれ仕様書をつくり生産委託をして販売している。卓也によると、惣一郎は百貨店を開業したかったそうだが、若くして亡くなったため、その夢の実現は叶わなかった（岡田卓也・二〇一〇）。

この惣一郎には、ひとつ興味深いエピソードがあって、学生時代に渋沢栄一を訪ねて東京までみずから行商をしながら向かったことである。

当時通っていた四日市商業学校（現四日市商業高校）には、「行商」という実習があった。当時の商業高校には、学生に商人としての実践経験を積まそうという意識があったのだろう。惣一郎は一九〇二年に友人たち五人と図って行商で日銭を稼ぎながら、当時東京商工会議所会頭であった渋沢栄一を訪問した。そのことは、父惣一郎にとっても貴重な経験であったようだ。父の日記を読んだ卓也は、「コノ感激ヲ如何ニ伝エン」と若き日の父の喜びの表現を目にしている（岡田・二〇一三）。[1)]

2　岡田屋の経営を担う小嶋千鶴子とその経営思想

さて、岡田屋改革に励んだ父の六代目惣一郎は、しかし、卓也二歳の時に早世する。そして、千鶴子と卓也の母である田鶴がその跡を継ぐ。

田鶴にしてみれば思いもしないかたちで店を引き継ぐことになったのだろうが、それでも彼女はその後いくつかの店の改革を行った。販売方法を座売りから立売り陳列に変えたこと、そして毎夏、音楽家を招いてコンサートを開き、お得意様を招待するなど文化事業を始めたことがそれだ。

その当時の資料はほとんど焼失したそうだが、二〇二二年に岡田卓也氏にインタビューしたとき、一枚の写真を見せていただいた。それは、卓也少年が大人に混じって野球のユニフォームを着て並んで映っている写真だ。

店が始まるまでの時間、店の野球チームは毎日近くの練習場に行って練習をしたとのこと。卓也少年も、自転車の後ろに乗せてもらって練習場に行ったそうだ。和やかな店の様子が窺えるが、当時の岡田屋には野球チームをつくれるくらいの男の働き手がいたのである。

しかし、その母も一九三六年、卓也が一〇歳の時に亡くなる。長女の嘉津子がその後を引き継ぐのだが、彼女も三九年に亡くなる。そして、千鶴子が引き継いだのである。一九一六年生まれの彼女は若くして岡田屋を引き継ぐことになる。

① 千鶴子と日本の経営思想

千鶴子は、岡田屋を継いでから卓也に引き継ぐまでの約一〇年間、岡田屋の経営を担った。だが、一九四五年六月の空襲で一面焼け野原になり、岡田屋も残ったのは土蔵だけという有様になった（朝日新聞・二〇一四年）。

▲1946年５月　復興開店

店の存続さえ危ぶまれる難しい時期だったが、千鶴子はしっかりと対処した[2]。

営業中断を余儀なくされたのだが、彼女は、店員たちに当座の見舞金として百円を渡し、週一度、店に連絡を入れるよう約束をとりつけた。さらに、同年八月六日、広島への原爆投下があったその日には、店に残っている者全員をいったん退職扱いとし、それぞれに応分の退職金を渡した。そのとき、店には女性と年長の男性しか残っていなかった。

続いて同月一三日、敗戦詔勅の前日だが、千鶴子は岡田屋呉服店の株式をすべて買い取ることにした。加えて、市中に残っていた販売済みの岡田屋の商品券も全額買い戻すことにした。

「岡田屋の商品券をご持参の方は現金とお引き換えします」と書いた貼り紙を市内各所

に張って歩いたという。実際に岡田屋に商品券を持参した人は、しかし、一〇人に満たなかったそうだ。また、お仕立てなどの預かり品も戦災を免れた京都で買い求め、すべて現物で弁済した（ジャスコ・二〇〇〇、および岡田・二〇一三）。

空襲で自分たちの商いや生活が失われ混乱するさなか、きちんと商い上の始末をつけるのは簡単ではない。もちろん、千鶴子の経営者としての資質もあったのだろうが、岡田屋で培われた経営の伝統・思想が彼女の経営判断の拠りどころになった。その経営の伝統とはどのようなものだったのか、本書の要にもなる話でもあり、詳しく見ていこう。

❖「店は公器」の思想

千鶴子は、会社をどのように経営すべきか、経営者はどのような倫理や規範に従うべきかについて理詰めで考えた。江戸時代の住友家の家訓や石田梅岩の所説を引きながら、商人の持つべき倫理について彼女はこう述べる。

「事業経営における公私のけじめは、何を公と考え何を私と考えるかによって決まってくる。店を自分の所有物とする家業的な考え方からは、『店はお客さまのためにある』という思想は生まれてこない。（中略）石田梅岩も住友家の家訓も、要は商売というものは己の利益追求のみでなく、商人の倫理が必要で、店は公のものと断じている。そのため、公から生まれる利益の配分についても、公正さが必要としているのである。住友家では利益の元にな

る商品の価格決定も合議制にするなど、あくまで店は公の場所であるとの考えを貫いている。」（小嶋・一九七七）

このように、千鶴子は、店は「公器」、つまり「店は私的な器ではなく公的な器だ」という理解を、石田梅岩や住友家家訓から学んだ。千鶴子のこの経営の発想を支えた住友家の家訓と石門心学はどのようなものか、探ってみよう。

② 住友家の家訓[3)]

江戸時代から続く商家である住友や三井や鴻池といった各家に共通するのは、その「家」自体を守り、発展させていこうという店全体での総意が見られることだ。それら伝統ある商家においては、「家」とは、「世代を超えた存続を希求させる価値ある存在」にほかならない（米村・一九九九）。そして、「家」に内在するこの価値が、住友家なら住友家にかかわる人々の生活や経営の根底に位置する。もっとも、「同族血縁で構成される本家の権限」や「本家と分家・別家との関係」あるいは「店の番頭の権限」等の「家」の構成の内実については、各「家」ごとに微妙な違いが見られる。

千鶴子がその名を挙げた住友家は、「法治主義の住友」と呼ばれて、「三菱の独裁」や「三井の番頭政治」に対比されることがある。千鶴子が住友家の名を挙げて引用したひとつの理由は、この住友の法治主義にあったのかもしれない[4]。

その住友家の家訓だが、住友家初代の住友政友がその晩年、徳川家光の時代の一六五〇年頃に、町人としての処世訓を説いたものが最初だと言われている。正友は僧侶だったが、仏門を出て、仏光寺上柳町（現在の仏光寺通烏丸東入ル）に、「反魂丹《はんごんたん》」の看板を掲げ富士屋嘉休と称し薬舗を開業し併せて書林を営んだとされる（作道・一九七九）。

政友が残した家訓は、「文殊院旨意書」と呼ばれていて、五か条から成る。ここでは現代語でその内容を概略、紹介する。

第一条は「安い物でも疑わしいものは買ってはならぬ」こと、第二条では「一夜といえども他人を泊めてはならぬ」こと、また「編み笠を預かってはならぬ」こと。第三条では、「人の仲介に立つようなことをしてはならぬ」こと。第四条では「掛け商いをしてはならぬ」こと。第五条では「人から難題を言いかけられても短気を起こし、喧嘩口論となるようなことがあってはならぬ」ことが戒めとして書かれている（前掲書）。

商売の戒めとしては、「投機的な商いはしない」、「世間に馴れてはいけない」、そして「店の外の人ともめ事は起こさない」ことが説かれているだけである。社会や世間との付き合い方についても、今とは少し違っている。今なら「社会や隣近所と良い関係を保つことや、買い手となる顧客には十分に配慮すること」が不可欠だとするところだろうが、住友政友の場合はそうではない。商人は、社会や世間と慣れ合ってはならず、むしろ社会や世間と厳しく一線を画すことの重要性を述べている。

その後、業祖と呼ばれる蘇我理右衛門（政友の姉の婿）が南蛮商人から「南蛮吹き」と呼ばれる銅吹き分け技術を学び、巨利を得ることになる。それが住友家の家業となり、二代目の友以、三代目の友信と続くなかで、銅吹業から銅貿易業、そして両替商へと発展していく。

徳川吉宗の時代の一七二一年には、住友家の主柱となった別子銅山の運営に関して、一三カ条からなる家訓が定められた。ここには、「独断に対する戒め」「合議制の尊重」「意思疎通や提案の奨励」、さらに中途採用者も子飼いの長期勤続者も差別なく、等級をもってその地位を定めるとする「実力主義」が規程として挙げられている（作道・一九七九）。総じていえば、すでにこの頃、住友家、分家、別家（奉公人が構える店）そして番頭が共に、住友の「家」を担っていくという意識があったようだ。

続いて、長崎店についての家法書が出る。全一五条からなり内容は別子銅山のそれと似ている。価格の決定に際しては、別子銅山も長崎店も同じで、「合議制を採用すべし」という条文が含まれる。利益の基となる価格については、個人の勝手な判断は許さず市場の動向を捉えて慎重に決定すべしということが家法になっているのが印象的だ。

住友の大坂本店や銅吹所について家訓が定められたのは一七五〇年とかなり後のことになる。まずは目の届きにくい遠方から規程をつくるという事情があったのだろう。

家訓が整理されて「家法書」として明示化されたのは、明治に入った一八八二年のことだ。

家法書は、当時の住友の総支配人の広瀬宰平（一八二八〜一九一四）によって起草された。一九款一九六条から成るが、作道（一九七九）、瀬岡（一九七九・一九九八）、米村（一九九九）、貫井（一九九九）などの指摘にしたがって、住友家法書の要点だけ要約すると次のようになる。

一　住友家の家長の専断を避けるため、家訓を確守する義務を家長に課していること。

二　別子銅山を、住友の「財本（財産と資本）」としていること。

三　営業は確実を旨とし、時勢の変遷や理財の特質を考え、これを盛んにしたり廃したりすること。かりそめにも、浮利に走って軽々しく進めてはいけないこと。

四　祖先の祭祀を掲げ、住友家への帰属意識や忠誠心が求められていること。

以下、第五条では相続方針を、第六条では雇い人の管理と意志疎通の重視を、第七条では家長の分家・末家に対する愛護について、規定している。

この家法書について、もう少し深くその行間を読みとることもできる。

第一に、広瀬宰平という人物について。これらの家法書を起草した広瀬は、明治維新期において別子銅山が官収される動きのなかで、危機に陥った住友家を立て直したことで知られている。彼自身は、九歳の時に別子銅山勘定所に奉公し、三九歳にして住友家の総支配人の地位に就いている。彼自身が小さい頃から住友家で働いているので、給料も出ない丁稚《でっち》も「家」の成員と見なすとか、能力に応じて昇格させるとかという住友の「家」のありようを、みずからが示しているとも言える。

第二は、その広瀬が、その家法の前書きに、「…宰平謹テ按スルニ我住友家云々」と認めていることだ。同族でもない広瀬が、住友家を「我住友家」としている。米村（一九九九）はここから、住友家を自身の家と思念する意識を読み取ることができると述べている[5)]。

以上、千鶴子が依拠する住友家について述べてきたが、住友家は「家は公の存在」という意識が強かったと言われている。その理由としては、第一に、店は資本の所有者である同族連中の所有物ではあるが、その同族の行動は家訓によってしっかり規制されていたこと[6)]。そして第二に、別家や番頭のような経営者も丁稚など従業員も同じように、「家」を「世代を超える価値ある存在」とみなしていたことが挙げられている[7)]。

③　石田梅岩の石門心学

千鶴子が学び依拠しようとしたもう一つの思想は、石田梅岩（一六八五年～一七四四年）が拓いた石門心学である。石門心学とは、どのような教えか、ここでは梅岩が言う「商人のあるべき姿」を中心に探ってみよう。

石田梅岩は、京都近郊に生まれ、一一歳の時に京の商家に働きに出る。その後数年して、その商家の商売がうまく行かず実家に戻り、畑仕事や山仕事を手伝った。だが、二三歳の時に再度、京の呉服商黒柳家に働きに出る。その後、彼が四五歳の時にそこでの番頭務めを辞める。ふつうなら暖簾分けで店を開くところだが、彼は京の地の自宅で講席を開いた。

その門前には、「何月何日開講、席銭入不申候。無縁にてもお望の方々は、無遠慮御通り御聞可被成候」と書かれていたという。「聴講料はとらず、紹介も要せず、だれでも自由に聴聞出来るように」というのが彼の素志であった。この書きつけはどこで講義するときにも表に掲げられた。

しかし、一介の商人上がりで、権威や家柄の裏付けもない人間である。自宅で講席を開いても人は集まらない。当初は、聴聞者はいなかったという。だがその七年後、一か月連続の釈講を催したときには聴衆の男女は群れをなしたという（柴田・一九八八）。

その後、石門心学は世に普及した。とくに、梅岩の弟子たち、手島堵庵（一七一八～一七八六）、布施松翁（一七二五～一七八四）、そして柴田鳩翁（一七八三～一八三九）の功績が大きかった。彼らによって、その教えを聴聞する人は、商人や町人だけでなく武士や大名にまで広がった。

梅岩の心学が目指すのは、「天命を知り、それが導くがまま行をなし生きること」である。石門において目指される知について、歴史家の柴田実（一九八八）はこう述べる。「その学のめざすところの知は決してただ個々の事物についての知識ではなくして、行と結びついていわば天と一つになるところの知であり、そこに何の疑いも不安もない、人生の真の安楽をもたらすもの」であり[8)]、「梅岩の教学の根本にあるところのものは、ひっきょう人びとにこの楽しみを知らしめようとするもの」であるという。

そして、商人たちに向けては、商人としての天命を知ること、その天命に沿って商人らしく生きることが奨励された。では、梅岩の考える商人の天命に沿って生きる、われわれのことばで言えば「商人がその本分にしたがって商人らしく生きる」とは、どういうことになるのだろうか。

商いの本分を説く梅岩の主張を知るために、そもそも梅岩が置かれていた時代を見ておく必要がある。梅岩は、商いは誇らしい仕事であると説くのだが、その主張を理解するうえで、梅岩が生きた時代の商いに対する見方を知る必要がある。[9)]

❖賤商観に挑む石門心学

宮本又郎（二〇一六）は、明治維新後において、江戸時代の商人や町人の地位がどうであったかに触れてこう述べている。

「士農工商の徳川社会においては、根強い『賤商観』、つまり商いを卑しいものと見る見方があった。『商人の心は職人、百姓と違い、本骨を折らずして、坐して利を儲る者なり』（荻生徂来『政談』）、『町人と申候は只諸士の禄を吸取候計にて、外に益なき者に御座候、実に無用の穀つぶしにて有之候』（林子平『上書』）、『（商人は）ただ、利を知りて義を知らず、身を利することのみ心とす』（山鹿素行『山鹿語類』）というように、時代のオーソドキシーにおいては、「仁義道徳」と「生産殖利」は両立しえないものであった。『金』『銭』は汚れたものであり、政治的エリートたる武士は、富を求めず、義の道に務むべきものであった。」と。

商人は、「汗水をたらすことなく座ったまま利益を得る」、「他の人が苦労して得たものを吸い取るだけの存在で、役に立たないごくつぶし」、「金儲けだけに走り、義も知らない存在」として、江戸前期の山鹿素行（一六二二～一六八五）、江戸中期の荻生徂来（一六六六～一七二八）や林子平（一七三八～一七九三）のような著名な儒学者から、商人たちは罵《ののし》りの声を浴びせられていた。

当時第一級の知識人の商人理解がこうであったので、商人の社会的格付けも当然低かったはずだ。そうした「商いを卑しい仕事と見る見方」、つまり賤商観に挑むかたちで生まれてきたのが石田梅岩の石門心学だった。どのように挑んだのか。その要点を述べておこう。

第一に、儒学者たちから、「座して儲ける」と批判の的となった商人が得るところの利益については、梅岩は、武士の得るところの俸禄と変わりないではないかと言う。武士は、俸禄が欲しくて主君に仕えるわけではなく、主君への義の見返りに俸禄を得ている。商人もそれと同じだ。人と人との取引関係をつなぐことで、人の役に立つ報酬として利益を得ている。もし、商人が利益をとらずに商売すれば、商売は行き詰まり、人と人との関係をつなぐ仕事を続けることができなくなる。

第二に，商人は，「人と人の取引を結びつける」ことで，社会を成り立たせるという重要な役割を果たしていると説く。現代の経済学や商業学では，あらゆる売り手と買い手を結びつける商人の役割を強調しているが，それと同じ論理を梅岩は用いている[10)]。

第三に，商人が社会的な役割を果たすことを意識することは大事だが，それに加えて商人自身も天に恥じない「商人としての倫理」を身につけることが必要だと説く。

梅岩の言うこの商人倫理は，法さえ守ればよいというものではない。「正直を旨とすべし」「欲心を起こすな」と，商人の心の内に踏み込んだ倫理を強調する。「あなたは，ちょっとした仕草から人の心を見抜くことができるでしょう。それと同じように，他の人もちょっとしたことからあなたの心の奥底まで見抜くものです」（森田・二〇一五）というわけだ。

第四に，商行為における正直・勤勉・倹約の徳を強調する。私欲に惑わされることなく，そうした徳にかなう行為をすることがすなわち，その人自身がもつところの天命に沿って生きることに他ならないとも言う。梅岩があるべき姿として描く商行為は，修行の一種でもあるのだ[11)]。

商人が己の身を正しく律することを説明するのに，梅岩は青砥左衛門という人の話を例に出す。鎌倉時代の武士であった青砥は，かれの家臣が川に落とした十文を探すために松明《たいまつ》に五〇文を費やした。自分が探さなければ，世の中から十文が失われてしまうというわけだ。梅岩は，そうした思いで行動に出た青砥を称揚し，商人はこの精神に学ぶべきと語るのである（森田・二〇一五）。

〔図表3〕石門心学における商人の倫理

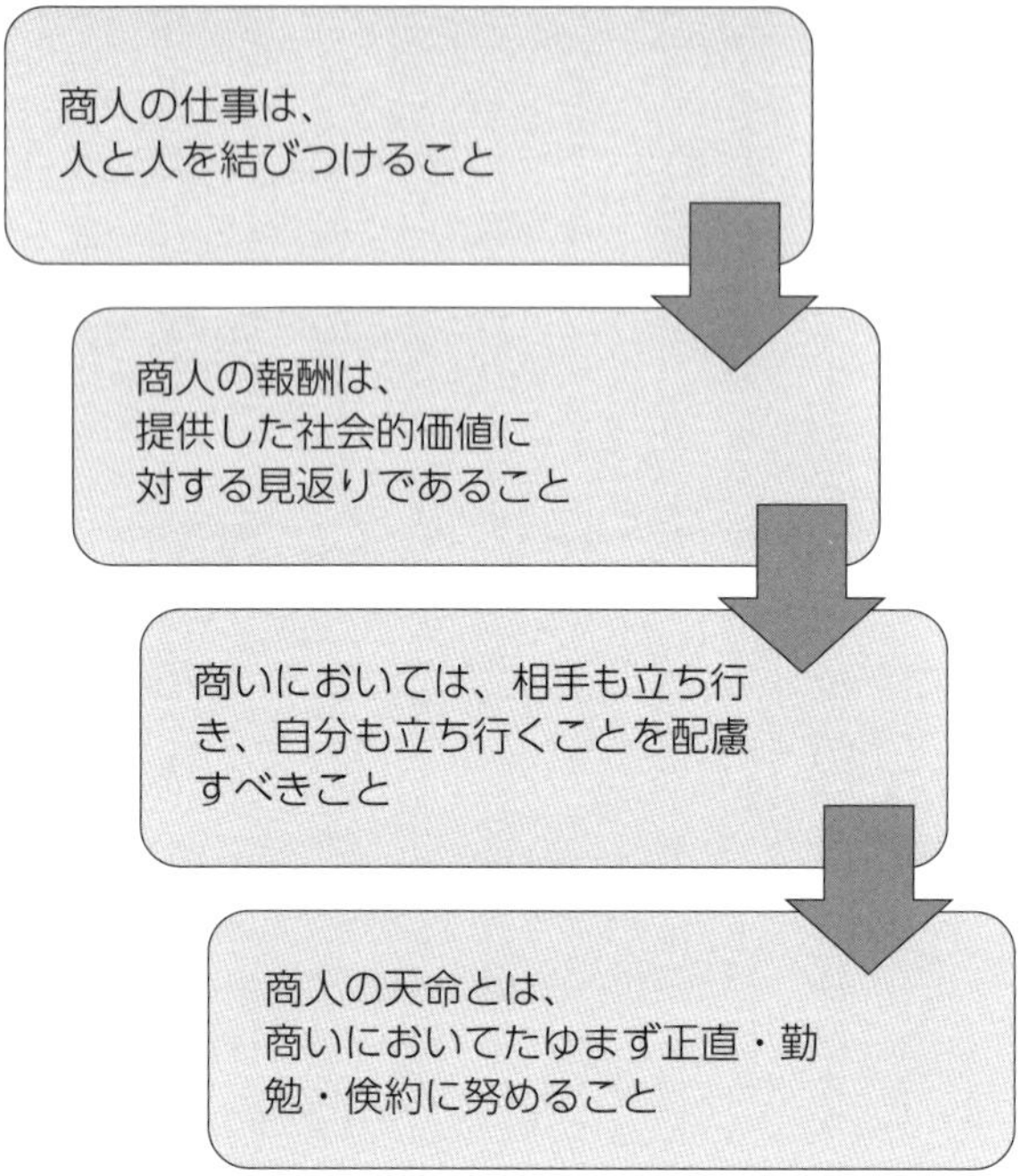
商人の仕事は、
人と人を結びつけること
商人の報酬は、
提供した社会的価値に
対する見返りであること
商いにおいては、相手も立ち行
き、自分も立ち行くことを配慮
すべきこと
商人の天命とは、
商いにおいてたゆまず正直・勤
勉・倹約に努めること

石門心学における商人の役割とそのもつべき倫理について議論を整理しておこう。

第一に、商人の仕事は人と人とを結びつける社会的に価値のある仕事であること。第二に、商いにおける報酬は、社会的に価値のある仕事への見返りであること。第三に、相手も立ち行き自分も立ち行くことを思うのが商人であること（利他の気持ち）。第四に、商いをたゆまず正直・勤勉・倹約に努めること、そしてそれが商人に与えられた天命ないしは使命であること、である。

見やすく図式化しておこう（図表3）。

こうした商人倫理が発揮され、商人がみずからの利得に走らず、「正直・勤勉・節約」の内なる倫理を保つことができれば、商業はたんなる私的制度を超えた公の制度となることが期待されることになるのである。[12)]

3　小嶋千鶴子の岡田屋経営

さて、千鶴子の岡田屋経営の話に戻ろう。彼女は、岡田屋の歴史、特に五代目惣右衛門以降の歴史から、岡田屋の伝統の骨格となる江戸時代以来のわが国固有の経営思想を学んだ。彼女自身、岡田屋の伝統についてこう述べている。

「(岡田屋は～筆者注) すでに明治時代から毎年の収益勘定を書き残しているが、一年の収益を記載した勘定書のあとには番頭・手代の署名がある。店という公の場所で生じた利益については、当時でも店の内部で公認される手続きがあったのである。」　(小嶋・一九七七)

貸借対照表と損益計算書の複式簿記の考え方が一九世紀の終わり頃には岡田屋に取り入れられていたことはすでに述べたが、店の内部においてそれらの記録を公認する手続きもあったというのだ。そして、そうした手続きには、わが国で長きにわたって育まれてきた先に述べた経営思想が潜んでいることを、次のように述べている。

「店が生んだ利益についても、店主の身勝手な心には任せないという思想が日本の伝統的経営の考え方で、ここにヨーロッパの労資関係と日本の労使関係との基本的な思想の違いが見られる。すなわち、所有に対するものの考え方が、欧米と日本とでは、社会的、文化的に異なっているのである。所有権イコール支配権という考え方が明確な欧米に対し、個人が出資していても、店そのものは公のものとするのが日本的発想である。」（前掲書）

店を店主の身勝手にはさせないという姿勢や「店は公のもの」という考えは住友家家憲や梅岩の哲学において強調されたものだが、それと同じ精神が岡田屋でも引き継がれていることを指摘する。そして、そうした発想こそが欧米とは異なる日本の伝統的な経営発想ではないかと言うのである。

以上、住友の家訓と石門心学の教えのさわりの部分を紹介してきたが、「店は公の存在」「店は世代を超える価値を持つ」「商人には天から与えられた命がある」という経営姿勢の意義を、千鶴子はしっかりと自分のものにしていった。

❖岡田屋再開に向けての千鶴子の決断

さて、千鶴子は日本の経営の伝統を学び、それを岡田屋の経営において生かそうとした事情を述べてきたが、最後に、戦後に入ってからも重要な判断を打っていることを述べておきたい。

一九四六年二月一七日に幣原喜重郎内閣は「金融緊急措置令」を出し、従来の貨幣の通用を停止し新円発行を行った。それに伴い、旧円は銀行や郵便局において強制封鎖された。そして新円の引き出し限度額は、所帯主で一か月三〇〇円、家族は一人あたり一〇〇円とされた。この措置はその当時起こっていたハイパーインフレを防ごうとするものであった。インフレは一時的には収まったものの、その後も続き。市民が戦前に持っていた現金資産は戦時国債と同様に無価値同然のものとなった。

千鶴子はこの新円発行に先立って、手持ちの旧円の現金をすべて商品に換えていた。千鶴子がそのことを決断したのは、それまでに第一次大戦後ドイツを襲った狂乱インフレの実態や収拾策を学んでいたからだと言う[13]（田中・二〇二三）。

いずれにしろ戦時下から戦後にかけての混乱した時期にあって、岡田屋は、千鶴子のおかげで、何より大事な店に対する従業員や顧客からの信頼が維持され、また再興のための元手も失わずに済んだわけである。

さらに、千鶴子は岡田屋のトップを退いても岡田屋の発展に貢献している。次講以降のテーマとなるジャスコの設立・発展と深い関係をもった試みとして、次の二点を挙げておきたい。

第一に、一九五八年には、彼女が中心になって、岡田屋に社員の登用試験制度が導入されたことである。公平・平等を狙ったその制度は、①縁故情実の排除、②機会均等、③現幹部の再評価、④実力主義、⑤信賞必罰の五つの要件を基本とするものであった（ジャスコ・二〇〇〇）。いずれも、組織で働く人々が気持ちよく働き続けるために不可欠な公正さと公平さを維持しようとする制度である。

第二に、岡田屋で働く従業員の安定した生活をどう保障するかにも多大な関心を寄せたことである。岡田屋においても健康保険組合の必要性を痛感し、その実現の可能性を探った。しかし、法律上はともかく実際の行政指導では従業員千五百人以上でなければ許可が下りないということで、導入は見送らざるを得なかった。

前者の試みはジャスコ設立後においてジャスコの人事の骨格をかたちづくることとなるものであり、後者のそれは従業員の生活の安定を目指すそうした思いがジャスコ設立へのとば口となっていく。

千鶴子の岡田屋への貢献の話を終えるにあたって、経営者の思いないしはイメージが会社経営のありように決定的な影響を与えることを千鶴子が指摘していることを述べておきたい。こう述べている。「（ジャスコの設立という～筆者注）その決断に至ったのは、ほかでもない、『企業の可能性は経営者の抱くイメージによって決定される』というペンローズのことばの中に、貴重なヒントを得ていたからである」と[14]（小嶋・一九七七、六四頁）。

彼女は実際、家業からの脱皮、会社規模の拡大、さらにはジャスコ設立といったイメージを現実に思い描いた。そしてこう述べている。

「規模の拡大こそが企業の存続を可能にし、かつ小売業の近代化に結びつく。それがひいては多くの社員の生活を保障することになる。このような信念が岡田屋という地方の一スーパーから脱皮し、ジャスコという合併会社を形成していくことになった大きな要因であると思う。」

（小嶋・一九七七、六四頁）

ジャスコの誕生とその後の発展についての議論は次章以降のテーマだが、彼女にとってジャスコのあるべき姿は早い時点で明確になっていたのである。

4 まとめ

本章では、戦前から戦後にかけての岡田屋の経営の姿を明らかにするとともに、岡田屋を継承した小嶋千鶴子の足跡をたどった。まとめると次のようになる。

第一に、岡田屋は、明治の初期、五代目の頃から革新的な経営を行っている。そして、「店は公器」という前提のもと、経営者はそれを維持・発展させる責任があるという伝統が築かれ、千鶴子を中心にその伝統を受け継ごうとしていることである。

第二に、岡田屋のそうした伝統は、石門心学や住友家家訓などの経営思想と重なるものであり、それは脈々と受け継がれてきた日本の伝統に他ならないことである。そしてそのことを千鶴子自身しっかりと学び、自分のものとしていたことも強調したい。

第三に、戦時下に岡田屋の経営を若くして引き継いだ千鶴子は、戦時中、従業員や顧客に対して手厚く配慮した。彼女は、従業員には安心して生活できる保障が必要であり、経営者にはその責任があるとの強い思いがあった。それがジャスコ設立に結びつくのだが、その内実は次章以降で検討される。

注

1) 余談だが、当時の商業を学ぶ若き学徒がわざわざ四日市から東京にいる渋沢を訪問するにはそれだけの理由があると筆者は思う。というのは、渋沢栄一ほど、「商」を大事にした企業家はいないからだ。細かい議論は省くが、彼は「商業」がインフラとなって産業を育てると考えていた。「商が先、製造が後」というこの考え方は、後に流通革命を担う中内㓛をはじめとする流通企業家の精神的支柱となった考えである。

2) 小嶋千鶴子自身はその後、画家の小嶋三郎一氏と結婚し、一時、岡田屋の仕事を離れるが、再度復帰してジャスコの発展に貢献する。

3) 本章では、家憲と家訓と家法書の言葉が混在している。厳密に言うと、「家訓」は、徳目を列挙した行動規範を主内容としている。だが、家族数が増加し、分家（親戚筋）や別家（暖簾分けされた手代や番頭の家）も生まれてくると、家の体制が複雑化し、家訓だけで統制するのは難しくなる。そこで、分家や別家を含めた家の連合体を対象に、家業体制の根本である所有・統治・管理の基本を定めた「家憲」が必要になる。加えて、商家の店の運営規則（店則）や、家族＝従業員の使用人規則や就業規則も追加的に整備されていく（三戸・一九九四）。住友家では一九八一年以来、家法と家憲とが区別されていて、「家法」は企業のルール、家憲は家長の心得とされた。所有と経営の分離を明確化したわけである。ただ、ここでは厳密にその違いには言及せず、引用した著者の言葉にしたがって使い分けている。

4) 三井の番頭政治は、住友の「法治主義」と似ているが、三井では血縁関係に基づく同族組織が強化され、同族と番頭とのあいだはははっきり区切られていたと言われる（作道・一九七九）。

5) 広瀬は一八六八年に別子銅山の支配人であったが、それを売却し住友家の安泰を図ろうとする大阪本店の重役たちに異を唱え、五千人の稼ぎ人とその家族すべてが住友家のメンバーであることを訴えて売却を阻止している（「住友グループ広報委員会」より）。

6) 店の所有者であり支配者である同族が、実質的な経営権を持たないという体制は。日本において（明治以降の一時期を除いて）天皇が支配者の地位に就きながらも、実質的な政治権力をもたなかった体制と共通する。こうした天皇制の評価については、滝沢（一九七三）の議論が興味深い。

7) ところで、日本の社会を、血縁の家族を中核にした血縁社会と見なすことはできないと山本七平は言う。皇室典範では、皇位継承は男系男子に限り、継承の順位は血縁の順位と定められている。この原理は血縁の原理だが、それが日本の社会に浸透しているかというと、そうでもない。（山本・一九九七）その意味で、日本社会は、血縁社会を擬制しているが、血縁社会ではない。婿養子を家の跡継ぎに据えるという制度は社会的に認められている。それがここで言う「家」というかたちになる。こうした血縁擬制制度のありようは、東アジアの国々やユダヤ人の血縁社会とは似て非なるものと言われる。

8) この考えは、本書第9章で神林照雄（一九九五）が「経営は宗教である」に述べている内容と酷似する。神林も、「自然の摂理に従う」ことや「人としての天命に従う」ことが大事だと述べる。ただ、神林は、石門心学を引用していない。

9) 石門心学についての学界からの評価にも触れておこう。石門心学を高く評価するのは、人類学者で思想家のレヴィ＝ストロース（二〇一四）である。「心学運動は、生きている現実、自己を表現することだけを求める現実を映し出しています。その現実とは、階級や環境がどうあれ、それぞれの個人が自分を尊厳の中心、意味の中心、自発性の中心と感じているという現実です。（略）日本では一人一人が熱心に、自分のつとめをよく果たそうとしていることに心打たれます。」と述べる。そして、石門心学におけるこの快活な善意は母国フランスの社会的道徳的風土と比べて日本民族の大きな美徳に見えるとも述べる。（同書）。同様の高い評価は、竹中（一九七七）や、森田（二〇一二）にも見られる。ついでに言えば、「心学」という言葉の所以は「自覚を重んずる学問」であるからだと言われている（竹中・一九七七）。

それらに比べると、日本思想史の大家である丸山真男の石門心学に対する評価は厳しい。石門心学の一連の運動は、封建的倫理の枠にはめ込もうとする流れとして位置づける。手島堵庵を含め、心学は「封建的支配と封建的倫理への屈従性を決定的に強化した」と指摘する。そして心学がそうした運命に陥った理由として、「町人階級の社会的成熟度の低さであったことはいうまでもない」と結論づける（丸山真男・一九九八）。

心学が「自立した精神と自由の感覚を与える」教説（レヴィ＝ストロース・二〇一四、竹中・一九七七および森田・二〇一二）であったのか、それとも「封建制への屈従を強いる」教説（丸山・一九九八）であったのか。論者の立場によって、そして心学が切り取られる時代によって、評価は違っている。

ただ、私には梅岩自身の生きた軌跡自体がその答えを出しているように見える。彼は若い時代は商人として生き、あるときその商人を辞めて学者に転身した。商人としても学者としても本分を尽くし世に貢献した。その点から見ると、第一に、彼自身は自身の天命を最初に環境から与えられた仕事である商人には限定してはいないこと、そして第二にみずからの意思で心学講師の道を切り開いたことがわかる。彼自身の生き方は、時代や環境が与える枠に屈従するものではないことを示している。

10) 商業学はこの役割を商人の社会的役割と呼ぶ。また経済学では、新古典派の流れのなかで、取引費用の経済学の分野で取引費用の多寡が流通構造の形成にどのような影響を及ぼすのかが研究された。そこでは、流通業者ないしは中間業者の役目は取引費用の軽減にあると想定されている。

11) 日々の仕事に努めること、それが仏道の修行にもなりうるというのは鈴木正三である。「農人、なにとて別の仏行を好むべきや」である。農業者は、僧侶が行う厳しい修行を行わなくても、みずからの仕事である農業にひたすら打ち込むことで、十分仏の道の修行に適うというのである。梅岩が鈴木正三《しょうさん》を知っていたかどうかはよくわからないが、二人の思想は繋がっているように見える。竹中（一九七七）、および山本（一九九七）を参照のこと。

12) 心学が実際、江戸時代の商人たちに具体的にどのように浸透していたのかを知るうえで、直木賞作家の永井（二〇二二）は好適である。彼女は、心学を信奉する江戸商人・杉本茂十郎を取り上げ、江戸の商いに大きな革新を起こす彼の活躍を扱う。フィクションであっても、心学が商いの世界にどういうかたちで浸透するのか、ひとつの可能性を知ることができる。

13) 千鶴子や卓也は、当時の神戸高商（現・神戸大学）の平井泰太郎教授から戦後のこの時期多くの助言をもらっていた。卓也は、平井教授から「どれだけ借金をしてもよいので、戦争で焼けた街の『駅前の土地』を買いなさい」と助言されたそうで、後に、「今思えば的確なアドバイスであった」と語っている（岡田・二〇一三）。もっとも、その件については、卓也はただ聞くだけで、実行はしなかった。卓也の進学の際にも、平井教授からは神戸高商を勧められたと、インタビューのときに語っていた。

14) ここに引用されているペンローズとは、エディス・ペンローズで、『企業成長の理論』によるものと思われる。

第3章

流通革命への胎動

本章では、ジャスコ誕生前夜とも言える岡田屋の姿を見ていく。千鶴子の跡を継いで当主となった卓也が、岡田屋復興のみならず地域商業のリーダーとなって活躍する姿が中心になる。その一方で各地で流通革命の流れが有無を言わさず押し寄せてくる現実が起きてくる。岡田屋も、そして卓也も重大な転換が迫られる。

1 岡田屋の復興

前講で述べたが、兵役に就いていた岡田卓也が四日市の実家に復員したのは戦争が終わった一九四五年の九月二一日。そして一〇月初めには、本宅の焼け跡の芝生に千鶴子、卓也と美濃部貞治、加藤徳一、岩田庄七、田木信一（後にジャスコ取締役）の六名が車座になって営業再開の策を練ったという。

岡田屋の再開は同年三月。そして同年六月に、卓也は姉の千鶴子を継ぎ、岡田屋七代目となる。岡田屋の店舗も同年八月には再建された。終戦間もない時期だったが、四日市市からの払い下げに応じて得た木材を用いて建てられた四〇坪足らずのバラック平屋建てだった。

再開時の扱い商品はそれこそさまざまだった。「二百年、呉服一筋でやってきた岡田屋が期せずして日用雑貨、食品まで販売することになった」（岡田・一九八三）。霧吹き、しゃくし、なべのふた、ピンセット、クリップ、クシ、蒲《がま》の穂の代用綿、ロープ、文房具、げた、染料、化粧品、福神漬けなどがあったという。

それこそ日々の生活もままならない時代とあって、その当時の庶民が必要とする日用品が揃えられている。かれらは、それら商品を思い切った薄利で売ることにした。そのせいもあって、それら商品は飛ぶように売れた（朝日新聞・二〇一四）。

店だけでなく、卓也をリーダーとして岡田屋の店員たちは行商にも出た。赤い自転車を十数台確保して、近在だけでなく、水沢町、神戸《かんべ》、白子《しろこ》、員弁《いなべ》にも出張販売に出かけた。行商時の商品としては、鼻緒、下駄、ロープなど日用品が中心だった（ジャスコ・二〇〇〇）。

同年七月には、戦後初めてとなる大売出しを試みた。「焦土に開く」という、卓也自身に言わせるといささか気負った打ち出しだったと言うのだが、そんなチラシも配布した。また、岡田屋のマークの入ったベンチを市内各所に寄贈した。

同年九月には、闇商売の横行を防ぐべく衣料品について罹災者に向けた配給制度が設けられた。岡田屋は、配給所の一つとなって顧客の勧誘に努めた。卓也も千鶴子も、店員と手分けして消費者宅を個別訪問して、登録の勧誘に歩いたという。『ジャスコ三十年史』が伝えるところによると、その甲斐あって、岡田屋は四日市のみならず、三重県全体で第一位の登録数を獲得している。

四七年の新年には、岡田屋は福引景品付きの初売りを復活させた。敗戦を挟んで四年ぶりのことだった。一等賞は下駄箱で、以下、クリーム、檜《ひのき》のまな板、金属製石けん入れ、鼻緒、クリップ等が賞品であった。

こうして、岡田屋は扱い商品は変わったものの、住民の生活が改善するのと歩調を合わせ一歩一歩、着実に復興していった。

❖大黒柱に車をつけよ

卓也は着実な歩みを図るとともに、本店を移動させるという大胆な策も打っている。すでに述べたが、岡田屋には「大黒柱に車をつけよ」という家訓がある。岡田屋五代目惣右衛門は、「久六町」から当時の一等地で陣屋跡地だった「辻」へと店を移した。続いて、卓也の父の六代目惣一郎も、その地は西に偏りすぎるとして中町の中央部に移ろうとしたのだが、それを実現する前に亡くなってしまった。

卓也も、店の大黒柱に車をつけ店の移転を図った。敗戦このかた、近鉄諏訪駅から市役所へ行く諏訪新道がにぎわっていて、市役所で配給切符を求める人が通る道になっていた。そこで、復興したばかりの辻の店を閉めて、四九年に諏訪新道へ店舗を移転させた。

ただ、諏訪新道の新店舗の売場面積は一九〇㎡で、しかも「土地の地上権」しかなかった。そこと辻の土地を交換することにしたのだが、反対もあった。「先祖伝来の土地と、新興地のしかも無形の地上権との交換はおかしい」と指摘する関係者もいたとのこと。だが、そうした反対を押し切るように卓也は店舗移転を実行した（岡田・二〇一二）。

話を先取りすると、この諏訪新道の本店も、近鉄四日市駅が移転することになって閉鎖することになる。岡田屋はまさに、環境の変化、人の流れの変化に合わせて、店舗を移動させていく。岡田屋にとって店舗とはまさに、お客さんの集まる港に向けて「航行する船」の如しなのだ。

もう少し、岡田屋家訓の話を続けよう。

岡田屋の戦後の発展の大事な局面で、この「岡田屋の家訓」が卓也や千鶴子の話のなかによく登場する。卓也は（そしてまた千鶴子も）、岡田屋の家訓を、旧い時代の遺物と切り捨てず、自分たちの未来を照らす羅針盤として尊重した。

「大黒柱」の家訓と共に、卓也がよくもち出すもう一つの家訓がある。それは、「上げで儲けるな。下げで儲けよ」という五代目惣右衛門が遺した家訓だ。その家訓もこの当時の岡田屋の指針となった。

ふつうは、上げ相場での売買で利益が生まれると考える。好景気でモノが売れることを見越して商品を仕入れてそれを売るというのは、わかりやすい。しかし、そうした上げ相場の時期はえてしてバブルであることがあり、そうした売買操作にはそれなりにリスクがある。そうしたリスクに留意しろ、というのが「上げで儲けず」の意だろう。

他方、「下げで儲ける」とは、ちょっと聞くと戸惑う。下げの相場で在庫を抱えてしまうと、その在庫の価値はさらに下がってしまう。それを避けるべく、「商品の回転を速くして儲けよ」ということなのだろう。在庫を抱えない、下げで安くなった商品を仕入れてそれを素早く売る、その操作を繰り返すことで利は上がるというわけだ。難しい商いだが、商人の才覚が試されるのはこんな局面なのだろう（東海・二〇〇九）。

一九五一年、ドッジ・ラインによるインフレ抑制策が効きすぎて、逆にデフレ模様になっていた状況で、岡田屋はその家訓通りの手を打った。いち早く在庫を売り払って現金に替える一方、世間で金詰り倒産が目立ち始めると共に在庫過剰に苦しむメーカーからトラック単位のサージ生地を仕入れて大売出しを行ったのである。

さて、こうして岡田屋の伝統の知恵を生かしつつ諏訪新道の新店の拡張を図った結果、売上高は一九五〇年から五年間で倍増し二億四〇〇〇万円にも達した。五五年暮れには、そうした成長を感謝する謝恩セールも行った。セール開催中の一か月間、毎日必ず一台の電気洗濯機が当たるという抽選会が行われた。岡田屋の復興は本格的になっていった。

五一年末には、岡田屋が属している商店街連合会として歳末大売出しを行っている。そこでの特賞は、この時代にはまだ庶民には手がでない自動車だった。卓也は岡田屋の経営を取りしきるだけでなく、商店街活動の最前線にも立っていた。五四年には四日市商工会議所の商業部会会長、そして五七年には四日市商店連合会会長に就任する。卓也は三〇歳になるかならぬかの年齢で商都・四日市市の地域商業活動の中心メンバーとなったのである。

❖地域商業リーダーとして賤商観と闘う

さて、四日市商工会議所の商業部会長に選ばれて就任したのはいいのだが、このとき、卓也は商人としての誇りにかかわる事件に遭遇する。

当時の四日市商工会議所議員は五五名だった。だがそのうち小売業者は、卓也を含めて二人だけだった。「商」の字が頭についた商工会議所という名にしては、いかにも商業者の構成員が少なすぎる。そう思った卓也は一九五五年時の議員改選にあたって、小売業者から十名の候補者を立てようとした。

だが、それに対して反対が出た。会議所のある幹部からは、「商業部会で十人を立候補させるなど無茶な話だ」と言われた。「岡田君、小売り屋なんていうのは雑魚やないか。誰が議員になるのか、ここに連れてこい」とまで言われた（岡田・二〇一二）。金融機関や製造会社に比してということになるのだろうが、小売経営者を軽く見た発言だ。「士農工商」の旧い秩序意識が厳然と生きている、と卓也は感じた。

卓也による商業者大量立候補問題で会議所は揉めた。しかし最終的には、当時の会議所会頭で東洋紡績会長を務めた伊藤伝七の差配もあり、卓也の言うとおり十名の小売業者が議員として選ばれた。卓也の意思が通ったわけだが、彼自身、後にこの事件を振り返って次のように述べている。「私にとって『雑魚発言』は大きなバネになった。そして、その後の人生で小売業者の社会的地位の向上を図っていく第一歩となった」と[1]（岡田・二〇一二）。

2　岡田屋発展の契機となるアメリカ視察

さて、卓也は、地域商業者のリーダーとなって活躍する一方、岡田屋のトップとしても新しい展開を試みた。一九五七年に三重県津市に支店一号店を開店。続いて翌五八年に、四日市駅前に二階建て九二四㎡の店舗を開店。店名はこの時初めて、「オカダヤ」というカタカナ名を用いた。「オカダヤ」という新しい名前を使ったのは、呉服中心の衣料店から衣食住の商品を扱う総合的な大型店へと業態を変えたからだ。さらに、この四日市駅前は有望な市場になると考えて、そこを本店と定めた。大黒柱に車をつけて再度、本店を移転したわけだ。

ところで、岡田屋が呉服屋から業態転換を図るちょうどこの時期に、卓也と千鶴子は商業界が主宰するアメリカ流通業視察に行っている。そして二人の視察は、岡田屋の将来に無視できない影響を与えることになる。

❖卓也の視察

一九五七年に卓也は初めてのアメリカの小売商業を視察し、多くのことを学んだ。ショッピングセンター、ホームセンター、バラエティストアといった多様な小売業態の存在、わが国の国家予算に匹敵する当時の日本円で一兆四五〇〇億円にものぼるシアーズローバックの売上高、さらには同社の厚さ三センチにもなる商品カタログ等は卓也を驚かせた。

また、食品スーパーマーケット最大手のＡ＆Ｐの全米で八〇〇〇店にも及ぶチェーン展開や彼らの巧みなセルフサービス方式も卓也には印象深かった。それらの制度や組織は大量仕入れによる仕入コストを下げるものであったことに、卓也は正直驚いた（岡田・二〇一二）。

ちなみに、この視察中、卓也と同室で一緒に行動したのは長崎屋創業者の岩田孝八《こうはち》だった。岩田は、その視察の時から「これからはチェーンでやっていく」と言い、その通り、帰国後は猛烈な勢いで出店を重ねた（岡田・二〇一二）。そして、長崎屋はそのまま業績を伸ばし、一九六七年にはスーパーマーケット業としては最初に株式上場を果たすことになる。

卓也も同じように。新業態開発とチェーン化の夢を心に秘めて帰国する。帰国後の翌年、さっそく近鉄四日市駅前のオカダヤの看板にＳＳＤＤＳオカダヤと掲げた。「セルフ・サービス・ディスカウント・デパートメント・ストア」の略だ。アメリカで繁栄しているチェーン経営を見て、日本でもこの業態でやっていこうと考えたのだ。

❖千鶴子のアメリカ視察

六一年には、千鶴子もアメリカ視察に行っている。だが、彼女の視点は独特だ。岩田孝八・岡田卓也あるいは中内㓛もそうなのだが、これら創業経営者たちの関心はもっぱら会社の外に向いた営業の側面、つまり大規模なチェーン店の展開やセルフサービスを中心とする店舗オペレーションにあった。だが、千鶴子の関心は違っていた。会社内部の従業員福祉や人事管理にあった。

千鶴子は、アメリカで、最大の小売業であったシアーズローバックの充実した年金制度を学び、あらためて従業員福祉が重要であること、そしてそれを可能にする会社規模の拡大が不可欠であることをあらためて痛感したのだ。次のように述べている。

「GMSの巨人シアーズローバックの本社で同社の年金制度の存在を知り、非常な感銘を受けた。ぜひ岡田屋でも設立したいと夢見たが、これも一定の規模がなければ実現できないことを知った。規模の拡大こそが企業の存続を可能にし、かつ小売業の近代化に結びつく。それがひいては多くの社員の生活を保証することになる。このような信念が岡田屋という地方のスーパーから脱皮し、ジャスコという合併会社を形成していくことになった大きい要因のひとつである。」

（小嶋・一九七七）

先取りしていえば、千鶴子のこのアメリカ視察の経験は、ジャスコ設立に向けての夢を育んでいくことになる。そして、岡田屋・フタギ・シロの三社合併を前提とした業務提携が行われた一九六九年四月には、念願であったジャスコ厚生年金基金（現・イオン厚生年金基金）が設立され、一九七〇年にはジャスコ健康保険組合（現・イオン健康保険組合）も設立されることになる。

3　岡田屋の業容変化

一九六〇年代に入ると、岡田屋の地元、四日市市にも流通大手資本が進出するという新たな脅威が生じた。近鉄四日市駅前で営業していた近鉄百貨店が、五〇〇〇㎡の増床申請を出してきたのである。その頃の卓也の立場は、全国展開する大型店を地元小売商業者の先頭に立って迎え撃つ側であった。

❖大型店増床をめぐる近鉄百貨店との対決

当時の岡田屋は、津市に支店を出したといってもまだまだチェーン経営には程遠いものだった。店舗規模も、周囲の商店街の店舗に比べればまだしも都心にある大手百貨店に比べると小さい。現実に増床を計画している近鉄百貨店四日市店に比しても、対抗できる規模ではなかった。

卓也は本店の四日市店で四〇〇〇㎡の増床申請を出し、近鉄百貨店を迎え撃つことにした。こうして、四日市駅前において競合する二つの店舗拡大計画が出てくることになった。

当時、大型店の出店も増床も、第二次百貨店法の規制により自由ではなかった。同百貨店法は、一九五六年に百貨店のような大型店から中小商業者を保護すべく生まれた法律である。百貨店の新築・増築にあたっては、通産大臣の許可を必要とすることとし、また百貨店の営業時間や営業日数などについても地場の資本に対して不当な競争を生まないよう規制していた。

この第二次百貨店法に従えば、大型店の新築や増床の手続きとしては、①地元の利害の調整を経て、②中央の審議会での承認がなされ、③それを経て通産大臣の許可が出る、というものであった。東京で開かれる審議会が全権を握っており、卓也は、東京に出て行って審議会の委員たちに会って、四日市店増床の趣旨を説明した。

だが、岡田屋と近鉄百貨店では信用の差は大きく、当の審議会委員には話を聞いてはもらえなかったという（岡田・二〇一二）。それでもあきらめず、岡田屋が地域にとってどれだけ必要な存在であるかをアピールすべく、これまで岡田屋が取り組んできた地域社会への貢献を審議会の委員長の工藤昭四郎（東京都民銀行頭取）に会って説明した。

実際、岡田屋はそれまで、交通事故で親を亡くした高校生を支援する「風樹会」という奨学金制度の設置や、駅前の花壇づくり、あるいは戦前から開いている文化講演会の開催など、社会貢献活動には積極的に取り組んでいた。工藤にそうした実績をアピールしたのだ。

前評判では圧倒的に近鉄百貨店優勢のうちに決着がつくだろうという声が大きかったのだが、そうしたロビー活動が功を奏したのか、結果はひっくり返った。近鉄百貨店は、申請の売場面積の三割しか認められず近鉄百貨店の増床は一五〇〇㎡にとどまった一方、岡田屋は申請の売場面積の七割も認められて、二八〇〇㎡の増床という結果になった。

この決定を受けて、岡田屋四日市店は増築に取り組み、一九六三年三月に完成した。卓也は、この店をSSDDSと呼んだのは先に述べたとおりだ。二二〇〇㎡の衣料大型店から五〇〇〇㎡の総合百貨店に生まれ変わり、セルフサービス方式が取り入れられたのである。

ついでながら、ダイエーも同じ時期、同じSSDDSという名の店舗を神戸の三宮に出店している。それは、岡田屋のそれに4か月遅れる一九六三年七月のことだ。そこでは専門店のテナントが入店し、館内にレストラン街も設置された。この三宮の新店については、ダイエー自身、ショッピングセンターのデファクトスタンダードになるものと評価していた（ダイエー・一九九二）。

増床した四日市店には、食品から衣料品さらには多様なサービスも提供された。その後、「GMS（General Merchandising Store）」ないしは「総合スーパー」と呼ばれることになる新小売業態の店舗が、この一九六三年に相次いでわが国に誕生したわけである。

岡田屋はこうして、チェーン化や新業態開発を試み、徐々に実力を蓄えていった。それでも勢力圏は四日市近辺にとどまっていた。それに対して、四日市地域を攻略すべく大手資本の進出が続いた。その翌々年の一九六五年には、伊藤忠商事が名古屋鉄道と組んでスーパー「マコー」の展開に乗り出した。中部一円で三〇億円を投資し店舗展開するとの新聞発表もあった。

その一号店が四日市だった。地場の商店が容易に対応できそうもない潤沢な販売促進費を使った進出だったようだ。卓也によれば、マコーの開店初日に配られた同店のチラシの緑の色が銀色に光っていたという。ふつうチラシには使わないような質の良い紙を使っていたのである。また、「来店先着千名様に醤油差しを進呈」という拡販策も実施されたのだが、数日後には四日市にある食堂の醤油差しのほとんどが「マコー」のマーク入りに変わっていたそうだ（岡田二〇一二）。マコーのこれまでにない営業活動ぶりを見て、卓也は、「迎え撃つには岡田屋だけではかなわない」と思い、四日市の各商業関係者と結束して、それぞれの得意分野で思い切った値下げやサービス向上に努めることにした。「衣料品しか売っていなかった岡田屋は衣料品を徹底的に安くした。肉屋は肉、八百屋は野菜、などと得意な分野で、徹底的に価格競争を挑んだ」（朝日新聞・二〇一四）。

その作戦が功を奏し、数か月してマコーのチラシの中身が変わった。紙質が悪くなった。また、チラシの見出しも『これでもか』とあり、地元商店との争いに注力していたことをあからさまに表すに至っていたというのだ。そのとき、卓也は、勝ったと思ったという。「お客さまではなくわれわれの方を向いて商売している」と思ったからだ。

結局、マコーは開店一年後には四日市から撤退し、マコーのチェーン展開は早々に挫折した（岡田・二〇一二）。

4 スーパーマーケット・チェーン、オカダヤ

こうした地域外から進出してくる大型店に対して卓也も対抗した。そのための青写真はすで

に一九六一年に作成していた。その計画ではチェーン展開を試みることを宣言し、「二〇年後には売上高一〇〇〇億円、本社は東京」という目標も定めていた。

その頃の岡田屋の売上高はまだ三〇億円にすぎなかったことを思えば、まるで夢のような目標だったが、その夢の実現のために、食品を扱うスーパーマーケット（以下ではSMと略す）の大量出店を考えた。岡田屋の名の下に繁盛店づくりを、オカダヤの名の下にチェーン展開を、と二刀流での成長を計画したのだ。

だが、成長の核となる肝心のSM事業については、その当時はまるで素人だった。呉服や衣料品では二〇〇年の伝統を誇る岡田屋だが、SMの中心商材となる生鮮食品はそれまで取り扱ったことはなかった。そこで当時、生鮮品に強いと評判の高かった繁盛店に社員を派遣して学ばせてもらうことにした。

そのあたり、小嶋千鶴子は少し詳しく述べている。

「昭和三四年、当時岡田屋は呉服屋でしたが、アメリカに行ってスーパーマーケットを見て、ああいう商売をやってみたいと考えたんです。それで、魚を売るとか肉を売るとか野菜を売るとかということは全くわかりませんから、これはどこか他へ習いに行かなければ新しい商売はできないだろう、ということで従業員の中から募って、スーパーマーケットをやらないか、店長になろうという者は申し出よということで三人を選びました。そして最初に習いに行ったのが、郡山のベニマルさんです。（略）当時、日本で一番野菜をたくさん売っている店だったのです。」
（小嶋・二〇〇三）

店長になることを申し出たその3人を、まず福島県郡山市のベニマル（現・ヨークベニマル）に預け、続いて長野県の仁科商店にも社員を預けた。仁科商店は、「日本一の魚屋」と当時言われたところだった。千鶴子に言わせると、

「魚を欲しければ、一匹ずつ買わなければならなかった。ところが、仁科さんは当時、一切れでも売りますという商売をしたのです。（略）そういうようにしてお客様の要望に合わせて細かく売る。お客様の欲しいものを欲しいだけ欲しい時に売るというのが商売の原点です。」
（前掲書）

そうした岡田屋の申し出に対して、ベニマルも仁科商店も快く引き受けた。地域が遠く離れていて、直接の商売敵にはならないということもあったのかもしれないが、矢作敏行が言うように、「同じ商人同士、共に学ぼう」という強い仲間意識があったのだろう（矢作・一九九七）。岡田屋から派遣された社員はそこで一年間、一通り生鮮食品の取り扱いについて学んで戻ってきた。こうした準備を経て一九六二年、桑名市に「オカダヤ」の名でSMを開店する。岡田

屋にとって、生鮮品の野菜、果物、鮮魚、肉類を初めて扱う店だった。

チェーン化も迅速で、翌六三年には県内の橋北《きょうぼく》・富田・富洲原《とみすはら》の三店をオープン。さらに六四年には初めて三重県外の愛知県岡崎市にオープンした。こうして、岡田屋のSM事業がスタートしたのである。

5　おわりに

さて、岡田屋がSM事業をスタートした六〇年代前半、日本経済は高度成長のさなかにあった。そのなかで、多くのSMチェーンが各地で開業していた。

既存の大手百貨店や総合商社も好機と見てこの分野に進出した。先ほど触れたが、四日市での売場拡張や参入を試みた近鉄百貨店や伊藤忠商事はその一例だ。そうした流通の伝統勢力に加え、新興チェーンも積極的に出店を試みた。そしてこの時期になると、狭い地域内でのチェーン展開から、地域を超えた広域的な出店も試みられるようになった。

この状況は、ある意味、織田信長や武田信玄が活躍した戦国時代に似ている。大名たちが自身の領地に満足せず、領地拡張を狙って全国制覇を競うと共に、新旧勢力が相争ったのが戦国時代だ。SM業界も同じような様相を呈していた。

さしずめ織田信長を思わせるように、その争いの先頭に立ったのは中内㓛のダイエーだった。

中内ダイエーは、一九五七年に大阪市千林《せんばやし》商店街の一角にドラッグストアを構えて以来、SM店の積極的なチェーン展開に注力した。それが功を奏し、これまでの日本の産業史に見られないような急成長を遂げていた。

岡田屋が「オカダヤ」で県外に初めて出店した一九六四年には、ダイエーはすでに大阪・神戸から始まって関西一円さらには九州や中国・四国地方にも足を伸ばし、売上高も二六〇億円を越えていた。卓也が二〇年後に本社を置きたいと夢見ていた東京商圏にも、六四年には買収を通して進出を済ませていた。そして、その東京の地でも、西友ストアやイトーヨーカ堂といった地元の有力大手流通業者が着々とその地歩を固めつつあった。

当時のこうした業界の現実からあらためて岡田屋を眺めるとき、三重県では一頭地を抜く感はあったものの、先行する他社に比べるとまだまだ保有店舗は少なく、売上高規模も小さく、正直なところ、出遅れ気味であった。そうした局面は、卓也に対して、全国チェーンとして出ていくかそれともローカルチェーンとして退くかの難しい判断が要求するものであった。そうした難局に、卓也はどのように挑んでいったのか、次章ではそれを見ていこう。

注

1）考えてみると、卓也が四日市の商工会議所で味わった商人の社会的地位にかかわる屈辱的な経験は、流通革命を牽引したダイエー創業者の中内㓛も経団連に加盟する前後に味わった経験でもある（石井・二〇一七a）。岡田や中内を筆頭に、それまでになかった新しい流通業を立ち上げようとした創業者たちは期せずして、「士農工商」という商業軽視の社会の偏見に直面することになったわけである。江戸の時代に賤商観があったことは先の石門心学のところで紹介したが、昭和の時代にもなお残っていたようだ。私が流通科学大学にいたとき、ある流通シンポジウムにイオンの岡田卓也、イトーヨーカ堂創業者の伊藤雅俊、ライフ創業者の清水信次の三氏が揃って登壇されたが、その席で氏たちは揃って、「士農工商の意識は現代日本の経済界にはなお存在する」旨を述べていたことが印象に残っている。

第4章

ジャスコ誕生への険しい道のり

前章では、流通革命に向けた岡田屋における胎動を見た。本章では、岡田屋が、株式会社フタギ（姫路市）と株式会社シロ（大阪市）と合併して本部機構ジャスコを設立する経緯を見る。その過程で、設立直後に起きた組織が崩壊しかねないような事件とその解決に向けた経営陣の努力の跡を探る。

1 小売産業化の大波

ジャスコ設立の話の前に、どうしてジャスコ設立を急ぐ必要があったのか、業界事情になるが手短に触れておくことにする。

わが国の戦後経済は順調に復興・発展し、一九五〇年代中葉にはそのGNPは戦前のそれを超える水準に達していた。その一方で、小売業は敗戦後十年経った時点でも、零細小売商を中心に構成されていて、大会社による寡占体制が確立し始めていた工業部門に比して近代化が遅れた部門と見なされていた。そうした状況のなかで、革新的な企業家たちは相次いでSMという小売業態を開発し始めていった。

❖新業態が導く流通の産業化の流れ

SMは、消費者の買い物の便宜を大きく改善するものだった。そこにはいくつかの技術や営業面での革新が重なっている。整理しておこう。

第一は、食品や日用品の購入においてワンストップ・ショッピングのサービスを提供したことだ。消費者はそれまではそれらの商品を購入するために、商店街や市場の中を一軒一軒個別の業種店を訪ね歩いていた。時には店主と話を交わしながら購入し、現金の受け渡しを行っていた。それに対して、スーパーマーケットでは、店頭に陳列された商品を自分で選びながらバスケットに入れてレジで一回の支払いで購入できた。買い物と決済は、それまでと比べて格段に便利であった。

第二は、仕入や販売コストの低減によるディスカウント販売の実現だ。スーパーマーケットは最初から低価格化を狙っていた。そのために、売場面積を拡張し、店舗のチェーン化を図った。売り場面積を拡張し店舗数を増やして、販売機会を拡大する一方で、商品の大量仕入れのメリットを狙った。つまり、大量仕入れ体制により仕入コストを低減させ、店頭価格の低下に結びつけようとした。

さらに第三のイノベーションとして、店頭での「セルフサービス方式」と「プリパッケージ化」がある。店頭業務を人力に頼らず、自動化・機械化することで、店頭での人件費を削減できる。先の仕入コストの低減と相まって、販売価格はそれまでに比べて大きく低下した。

他方、こうしたイノベーションのメリットを享受するためには、多額の設備投資が必要となる。従来のように思い立ったその日から軒先に商品を並べて、商売を始めるというわけにはいかない。ワンストップ機能を充たすべく多くの商品を陳列するために店舗売場用の広い敷地を確保し、レジや陳列棚さらには冷蔵品用の陳列ケース、さらにはバックヤードでの冷蔵・調理設備等々、多くの固定設備が必要になる。

このように多額の固定投資が必要になるが、投資した分だけ大きい収益を見込める。初期投資は大きいが、多くの来店客を呼び込むことが可能で、店舗での「売場面積あたり売上高（売場効率）」や「従業員一人あたり売上高（労働生産性）」は来店客数の増加と共に大きく改善する。つまり、スーパーマーケット業態においては、規模の拡大とともに、単位当たりのコストが低減し、それに応じて利益が急拡大するという規模の経済が現実のものとなったのである。

規模の経済が現実化し、その実現が小売業での競争の勝敗を決めるようになると、店舗の大型化やチェーン化が促されることになる。店舗の大型化やチェーン化が小売業における競争の焦点となり、それがまた小売業各社に大規模投資を迫ることにもなる。スーパーマーケットという新小売業態が誕生し、規模の経済が作動し初めたことにより、わが国小売業に大会社が成立する条件が整い始めたのである。

こうした潮流に一旦乗ってしまうと、各社はその流れに後れを取ることが許されなくなる。後れを取ると規模で劣勢になり、その分、高コスト体質に追い込まれ、競争から脱落してしまうからである。一九六〇年代、小売業はまさにSM業態を中心に「投資が投資を呼ぶ」時代に入った。新興小売各社は一斉に、競争優位を求めて規模拡大を計り、店舗規模拡大と新店出店に走ることとなったのである。

❖岡田屋の業界地位

その当時の岡田屋の置かれた業界地位を見るために、格好の資料がある。一九六六年、日本経済新聞社の「量販店の売上高ランキング」だ。量販店の業界として、売上高ランキングが出るのは初めてのことである。大雑把な数字ではあるが、その年の各社の売上高と店舗数が示されている（図表4）。

〔図表4〕1966年わが国量販店ランキング（日経調査）

順位	社名	売上高（億円）	店舗数
1	ダイエー	400	29
2	西友ストア	230	22
3	緑屋	205	36
4	スーパー丸栄	180	10
5	十字屋	180	31
6	丸井	170	24
7	長崎屋	160	30
8	東光ストア	160	29
9	灘神戸生協	150	17
10	ほていや	150	53
11	いずみや	120	9
12	ニチイ	100	17
13	イトーヨーカ堂	100	11
14	サカエ薬品	85	7
15	大丸百貨店	77	8
16	青楓チェーン	75	89
17	赤札堂	72	8
18	フタギ	70	18
19	サンコー	70	12
20	シロ	65	7

トップはダイエーで、売上高四〇〇億円。続いて西友ストアが二三〇億円で二位。さらに岡田と一緒にアメリカ視察に赴いた岩田孝八率いる長崎屋も、店舗数では業界トップクラスである。いずみや、ニチイ、イトーヨーカ堂といったその後、

この業界で活躍する有名チェーンも姿を現している。[1)]

岡田屋と合併することになる「フタギ」は売上高七〇億円で一八位、「シロ」は同六五億円で二〇位にランクインしている。だが、肝心の岡田屋のオカダヤチェーンはランク外（量販店ランキング表では四三位までリストアップされているが、岡田屋やオカダヤの名はない）。業界での三社の立場はまだまだ低かった。

この表から各社の一店舗当たりの売上高規模を割り出せる。ダイエーの平均売上高規模は一三億円強。他方、西友ストアで一〇億円強、フタギになると四億円弱。この時期、ダイエーは売上高規模だけでなく店舗規模（ひいては効率性）においても他を圧倒していたことがわかる。

さて、「質量ともに他社・他店を凌ぐダイエー」に、二位以下の会社は尋常なやり方では追いつくことはできない。なぜなら、ダイエーの成長ぶりは図抜けていたからだ。六〇年代に入った時点では大阪市の千林と神戸市の三宮と大阪市三国の三店舗で売上高三一億円に過ぎなかったものが、六六年には表の通り、四〇〇億円。その後六〇年代末には店舗数四四店舗の売上高一〇〇〇億円にまで伸長する。売上高規模は十年で三〇倍、店舗数は一五倍に拡大していた。先取りしていえば、七〇年代に入っても成長速度を緩めることなく、七二年には店舗数では六九年の2倍の九〇店舗と一気に拡大し、売上高も同じく3倍の三〇〇〇億円を超えていく。日本の小売業の雄である三越百貨店の売上高規模を一気に凌駕していくものであった。

わが国経済史上類のないスピードで成長するダイエーに追いつくには、当たり前のことだが、ダイエーを上回る成長率で成長する必要がある。そのために、ダイエーの投資を上回る投資が必要になるだろう。大規模化への争いに追随しようとする会社には、大きい負担が課されることになる。だが、その投資を躊躇すると、規模面で劣勢に陥り、コスト劣位になり市場にとどまることができなくなる。と、こうした規模重視の考えが業界の潮流となっていったのである。

これが、当時岡田屋が置かれていた状況だった。当初の計画通り全国チェーンを目指すのであれば多額の投資資金が必要で、かつその決断に躊躇は許されなかった。その意味で、かなり切羽詰まった状況であったと言える。

2 本部機構ジャスコの設立

こうした状況のもと、業界で合従連衡の波が巻き起こったのも不思議ではない。そして岡田は、その合従連衡の流れの先頭に立ち、他チェーンの経営者に積極的に声をかけていった。合併を通じて、その難問の解決を図ろうとしたのである。

岡田が二木に声をかけたのは、東洋レーヨン（現・東レ）が主宰する経営診断や経営者会議を行う勉強会の席だった。当勉強会では、フタギ社長の二木が委員長に、岡田は副委員長に就いていた。その会には、伊藤雅俊イトーヨーカ堂社長、西川義雄西川屋社長、岩田孝八長崎屋

▲1968年　合併記者会見

社長、和田源三郎いづみや社長、さらには（後にジャスコと合併することになる）諸江賢二いとはん社長たちが参加していた。

　この席で、岡田は一枚の紙切れに「合併」と書いて隣に座っていた二木にこっそりと手渡したという。それに対して、二木は「どこと？」と反応し、それに対してさらに岡田は『おたくと』という問答が交わされた。一九六七年一二月のことだった。

　その後、二木と岡田のあいだで話はとんとん拍子に進んだ。それから半年も経たない一九六八年五月一日には両社の合併を前提とした提携に踏み切ることを発表した。

　そのとき二人が交わした覚書は、整理すると以下のような内容だった（ジャスコ・二〇〇〇）。
①　新会社を一九六九年四月三〇日までに設立する。

② 新会社には現会社の本部中枢機能を集結する。

③ このために準備委員会を発足させ、政策的、技術的な点に関しては、その委員会において立案決定する。

④ 今日以降、新しく参加される同志を平等に迎える。

⑤ 参加各社は将来合併する。

この提携が終わりではなく今後も続くであろう提携の始まりであることを謳っているのが目を惹く。

❖本部機構ジャスコ株式会社の設立

さて、そのフタギとの合併に踏み出す一方で、岡田たちは名古屋の西川屋（後のユニー）や大阪のニチイ（後のマイカル）にも声をかけた。岡田は四日市の岡田屋と姫路のフタギのあいだに位置する大阪を空白区にはしたくなかったということがあったようだ（朝日新聞・二〇一四）。加えて、西川屋もニチイも「大成会」という勉強会に参加していたこともあってなじみがあった。

大成会とは、一九五八年頃に、大阪の衣料品店のいづみや（その後、イズミヤ）創業者の和田源三郎が公開経営指導協会理事長の喜多村実に相談をもちかけて作られた勉強の会である。西川屋、ダイカイ（松阪市）、セルフハトヤ（大阪）、フタギ、福屋（広島市）、それにいずみやの六社で構成され、幹事役持ち回りで毎月一回開催し、年に一度は遠隔地繁盛店の視察を行った。お互いの経営内容を公開し、経営指標を提出し合って相互に検討しあう、そんな会であった。

さて、岡田たちのさらなる合併に向けた誘いは結局、不首尾に終わった。西川屋とニチイに対してはその後も声をかけ続けたようだが、両社との合併交渉は進展しなかった。西川屋の西川義雄社長は、岡田の申し入れに乗らなかった理由として、フタギの店舗が小さく提携のメリットが乏しいというのがあったようだ（岡田・二〇一三）。

「合併した会社の保有する店舗規模が小さく、合併メリットが生まれない」という西川が指摘するこの問題は、確かにこれから新たに設立される新会社ジャスコにとって戦略上の課題となるものだった。それについてはまた後に第7章で触れる。

さて、そうこうするうちに、岡田屋とフタギの提携発表一カ月後の六月に思わぬところから新会社に参加したいとの声が上がった。大阪吹田市の「シロ」（社長・井上次郎）が新会社への参加を表明したのだ。

岡田たちはそれを受け入れた。そして、同年七月には三社共同出資で設立する本部機構会社の名称を社内公募した。それぞれの社名へのこだわりは捨てた。公募されたなかから、「日本ユナイテッド・ストアーズ・カンパニー」（Japan United Stores Company、JUSCO）を選び、「ジャスコ」とすることにした。

六九年二月二一日、三社による「本部機構ジャスコ株式会社」が設立された。資本金は一億五〇〇〇万円。本社所在地は、三社の中間地点にある大阪市北区大開町にあるシロ野田店の五階（大阪市福島区大開町一丁目一一番）に決まった。本部はシロ野田店の三階に置いた。

経営トップの布陣は、年齢順で決まった（岡田・二〇一二）。当時五八歳だった二木が代表取締役会長、四二歳の岡田が代表取締役社長、そして四一歳の井上が代表取締役副社長に就任した。あらためて三人の年齢を見ると、二木はともかく、岡田も井上も四十歳になったばかりの若い経営者であった。

取締役には、二木の次男の二木英徳（フタギ取締役）、小嶋千鶴子（岡田屋取締役）、富田精（シロ常務取締役）が就いた。三社からそれぞれ計二人ずつ、取締役に就任した。三社以外では、石津尚（日本勧業銀行下関支店長）が就任。監査役には、川崎進一（東洋大教授）と伊藤雅俊（イトーヨーカ堂社長）が就任した。

川崎教授は、商店経営に関する多くの書籍を出版し、五四年頃から「商業界」と縁を深めていた。商業界を主宰した倉本初夫が「川崎教授は終生商業界のもっとも信頼する指導者として尽くしてもらった」（倉本・二〇〇五）と言うほどに、小売商業界の発展のために尽くした研究者だった。

新会社の本部機構の諸機能については、次のように定められた。

① 新会社の本部は、政策課題をはじめ資金調達、店舗開設、計算業務の処理を行う。
② 地区本部長会議は二木会長が担当し、東海、三重、京阪、兵庫の各地区本部をもって構

成する。

③　商品本部は井上副社長が担当し、本部一括仕入制をとる。

④　審議機関として、経営政策、人事、合理化、教育、商品企画開発の各委員会を置く。

というものだった。新会社の組織の特徴として二つの点が重要だ。

第一に、地区本部長会議と商品本部会議を設け、それぞれ異なるトップを置いて、商品調達機能と店舗業務機能の分離を計っていること、そして商品仕入れは本部一括仕入制をとることにしたことである。いずれも、仕入機能と販売機能を分離し、本部で一括して集中的に仕入するというやり方だが、チェーンマネジメントの鉄則通りのやり方だ。

第二に、新しく本部機構を設けることにより、資金調達、店舗開設、計算業務処理という店舗運営のインフラにあたる部分を本部機能として店舗から分離しようとしていることだ。本部が専門的にインフラ業務を扱うこの方式はこの後、ジャスコの基本的な組織づくりの枠組みとなる。

3　株式会社シロの挫折

合併あるいは経営統合した時に、新会社においてなすべき課題は実のところ山のようにある。今回の場合でも、①新しい経営方針や戦略の策定、②経営幹部の人事構成、③組織の再編成、

④給与を含む人事体系の一本化、⑤店舗や物流施設の統廃合、⑥取引先の統廃合、⑦事務処理の統一、そして⑧商品マスターの統合を含めた情報システムの統合といった課題が考えられる。

新会社がこれらの課題をスピーディーに大過なく進めていくことができるかどうかは、合併の成否に影響を与える。往々にして、合併した組織同士、互いに馴染まなかったり、時によっては対立が深刻になったりして、課題達成に遅れが出ることがある。そうなると、合併のマイナス効果さえ出てくる。そうした可能性を思うと、経営統合で成長を図ることは易しい仕事ではない。事実、新生ジャスコの道も平坦なものにはならなかった。合併方針の発表後、思わぬところから問題が噴出した。

まず、経営陣の中心になるはずの「シロ」の井上社長が新会社スタート直後の四月に亡くなったことである。それこそ青天の霹靂のような出来事であったが、新生ジャスコにとっては、柱となるべき経営陣の一人を失うのは大きい痛手であった。亡くなった井上の妻の井上米子が代わって代表取締役に選任された。

しかし、問題はそれにとどまらなかった。シロは会社としていくつかの問題を抱えていた。

その第一は財務問題だ。シロは出店を重ねるなか、多額の借入金を抱えていた。急成長会社にはありがちだが、悪いことには決算数字に変調があった。統合後にそのことが判明した。黒字決算に見せていたが、実は赤字だったのだ。一九六八年八月一日から六九年二月二十日にかけての数字に操作があった。[2)]

さらに同社の資金不足も露呈した。二億五〇〇〇万円の手形の支払期限が同年九月三日に迫っていた。ジャスコは、創業早々からシロの手形処理に追われるという切迫した状態になった。岡田は、「恐らくフタギ、岡田屋との提携に遅れて加わり、妨げにならないようにと急速な出店で回復を目指したことが裏目に出たのだろう」と考えた。そして、井上社長が存命であれば、「立て直してからジャスコに合流してくれ」と言ったに違いないが、本人が亡くなっているのでそれもできない（岡田・二〇一二）。

さて、どうするか。シロとの合併を白紙に戻そうという意見もあったが、岡田はその影響の大きさも勘案して岡田屋の一年間の利益を捨てれば何とか乗り切ることはできると腹をくくった（岡田・一九八三）。そして、この資金不足問題は、シロが保有する京都伏見の物件を売却し、岡田屋とフタギが協力して同社へ資金援助することでしのぐことにしだ。

❖組合運動の激化

だが、シロが抱える問題はもう一つ、内部管理上の問題があった。

その一つはシロの従業員の寮問題があった。シロの女性従業員には、中・四国地方出身者が多かった。フタギや岡田屋が姫路や四日市という地方都市に店舗があり従業員は地元採用が多かったのだが、大阪という大都市立地の店舗が多いシロの場合は地元の大阪で従業員を採用できず、九州や四国の遠方から採用せざるをえなかった。そのために、遠方で採用される彼女たちの寮が準備されたが、それは十分なものではなく従業員たちの不満は小さくなかった。

「遠く九州、四国まで出かけ苦心して採用してきた若い女性が寝食することになったのは、たこ部屋まがいの貧しいアパートだった」と、ジャスコ社史にも書かれている。提携直後にシロの女子寮を見た、当時岡田屋の人事部長だった小嶋千鶴子は、「合併までに何とかしてください」と、改善を井上社長に申し入れていたほどだった（ジャスコ・二〇〇〇）。

さらにもうひとつ、生鮮関係の従業員の管理問題があった。同社の生鮮部門はすべて直営だったが、担当者は職人である。しかも今でいう派遣社員のかたちで日給契約者だった（前掲書）。組織の意向が浸透しにくい組織になっていたのである。急拡大のなか、そこまで手が回らなかったということなのだろう。そもそも、職人たちを組織的に管理し、経営の方針をきちんと浸透させることは簡単ではない[3]。

こうした内部管理上の問題を抱えたなか、シロの従業員を中心とするジャスコ労働組合が合併直前の一九六九年一〇月に突然発足した。三社一体の同名のジャスコ労働組合（後の全ジャスコ労働組合）が発足する前日であった。

シロ従業員を中心とするその労組執行部は、当初から経営陣と対決する姿勢で、居丈高に交渉に臨んできたという（岡田・二〇一二）。深刻なことには、その労組の三役は委員長をはじめ全員シロの社員で、しかも人事、採用、労務の担当者でもあったことだった（岡田・一九八三）。

労働条件改善が求められたが、彼らの問題はもっと深刻であった。旧シロ社員にとって、シロという自分たちの会社が消滅し、今後の期待を委ねるべきトップも失い、自分たちしか自分たちの問題を解決できないと思ったのだろう。千鶴子はそう理解した（小島・一九七七）。その後、当該組合の組合員数は最盛期には五〇〇名にものぼり、そこには旧岡田屋やフタギの社員も加わっていた。合併早々、新会社ジャスコの組織に大きい亀裂が走ったのである。

岡田は後に、こう述べている。

「（その組合からは～筆者注）何度も不当労働行為で訴えられた。しかし、合併会社にとって重要な社員融和のために経営者として闘った。シロの従業員との信頼関係を、粘り強く築こうとした。この時、わたしの人生で一番体重が減った。しかし徹底して、誠意ある対応と毅然とした態度で取り組んだ。あとはもう何も恐れることはなかった。」と。

（岡田・二〇〇七）

❖奮闘する新生ジャスコ経営陣

その時にあって、「最大の危機の前面に立ち、組合に対して時間をかけて説得したのが千鶴子だった」と、岡田は述べる（岡田・二〇一二）。千鶴子自身、後にその時の状況を次のように述べている。

「ひたすら説得に当たる日々が続いた。今思い出してもあのときの一途さは尋常なものではなかった。あのひたむきさは一体何だったのか。小売業近代化にかけるロマンだったのだろうか。それとも岡田屋の歴史が培った、正しいものは正しいとする石のような信念だったのだろうか。（中略）この間私は一切安易な妥協をしていない。食品売場で職人と呼ばれていた社員に対しても同じである。彼らは店の中でコミュニケーションをはかる相手も少なく、社員が知り得る当たり前の情報でさえ彼らに伝わることはなかった。企業の善悪是非のモノサシも彼らには及んでいなかった。いわば企業内でマネジメントが及んでいなかったのである。」

（小嶋・一九七七）

彼女のこのことばからは、新業態に賭けた理想と岡田屋の伝統を支えとしながら、一身を投げ出すようにして解決に向けて努力した様子が伝わってくる。

この組合問題がジャスコのマネジメントの不十分な現実から発していることを、千鶴子は理解していた。そして、そのギャップを埋めるべく努力を始めた。

「私は企業のめざす方向、その中における彼らの脱皮の方向などについて辛抱強く話し合った。同じ人間同士、胸襟を開けば通じるものである。大多数の〝職人〟は新しい知識と技術を取得することにより、ジャスコになくてはならない〝専門職〟に生まれ変わった。」

（前掲書）

他方、当の「ジャスコ労組」は、会社と何度か団体交渉をおこなったものの、目覚ましい成果を収めることはできなかった。他方、多数の組合員で構成される「全ジャスコ労組」は、通勤費の上限改正や寮改善など着実に成果を挙げた。そうした経緯をたどるなか、「ジャスコ労組」はいつしかその勢力を落としていった（ジャスコ・二〇〇〇）。

結果的に、この組合問題は一年で収束した。とはいえ、希望に満ちた出立をするはずだったジャスコ経営陣にとっては、「もっとも過酷で長い一年になった」のである（ジャスコ・二〇〇〇）。卓也自身、「私は根が楽天的でものごとに思い悩むことはないが」というのだが、「このときばかりは寝られない夜が続いた。（略）肉体的にも精神的にもまいっていた」（岡田・一九八三）と述べているほどであった。

ただ、「むしろ最初の合併で、よい勉強をさせてもらったと思っている」（岡田・二〇一二）とも述べる。その言葉通り、その後のジャスコは、「前車の覆るは後車の戒め」として、当初の合併に賭けた思いの実現にさらに努めていくことになる。

4 「ジャスコ株式会社」の誕生

ジャスコ経営陣はシロが抱え込んだ課題の解決を図ったものの、一九七〇年二月に予定されていた三社合併は結局、中止になった。シロを入れたかたちでこのまま統合すると、シロの業績不振もあって、シロの合併比率が極端に低くなってしまい投資家に迷惑がかかる、という理由があった（ジャスコ・二〇〇〇）。

最終的には、シロについては「京阪ジャスコ」と社名変更し、ジャスコグループであることを明確にすると共に、取引先や金融機関に対してはあらためて取引継続や資金援助を要請した。フタギと岡田屋の対等合併は予定通り進められたが、最終的にシロを合併相手からは外さず、同社が抱える諸問題を整理し資産売却等で問題点を解決してから参加するという形をとった。三社が一緒になって共に事業を進めるという最初の思いは揺らがなかった。

ジャスコ株式会社が誕生したのは七〇年三月二十日。岡田屋（合併比率は一・〇）、フタギ（同一・〇）、オカダヤチェーン（同〇・五）に、カワムラ（同〇・五三）、本部機構ジャスコ（同〇・一五）の五社による合併が行われた。資本金は、合併比率に合わせて各社の資本を持ち寄り、六八億八〇〇〇万円となった。

代表取締役には二木一一《ふたぎかずいち》と岡田卓也が就いた。取締役には、二木英徳、小嶋千鶴子、蝶理から伴野益夫、三菱レーヨンから広瀬誠之、石津尚、元マルサ社長の鈴木定一、元フタギの柴田虎雄、元岡田屋の加藤久彌、東洋大学教授の川崎進一。監査役には川田良三、井上米子、後藤博雅が就いた[4)]。

ジャスコの会長に就いた二木はこの後、一九七六年まで会長職を務める。社長の岡田は、八三年まで同職を、その後八六年から二〇〇〇年まで会長を務める。二木英徳は、岡田の跡を継いで八四年から九六年まで社長を務める。また、小嶋千鶴子は六十歳（七七年）まで人事部門を受け持った。井上米子は、先に述べたようにシロの故井上社長の急死後、代わって「本部機構ジャスコ」の代表取締役を務めたが、ジャスコ発足にあたっては監査役に就いた。

ジャスコの設立年月日は登記上、一九二六年になる。存続会社を岡田屋としたこと、そして同社が株式会社化したのがその年だったことによる。本社は、先の本部機構ジャスコと同じ、大阪市福島区大開町一丁目一一番地に置いた。

合併時点での売上高合計は、岡田屋が一〇八億円、フタギが一四六億円、オカダヤチェーンは七五億円、カワムラが五億円の合計三三四億円。一九七〇年二月期時点でのグループとしての売上高は、計四八四億円。保有店舗数は七二店舗であった。

社是は「商業を通じて地域社会に奉仕しよう」となったが、両社の社是が似ていたこともあってすんなり決まった。二木一一は次のように述べている。

「三社の社是が共通して同じ意味であるということは思想が一致していることであり、誠に喜ばしい。ジャスコの社是もこのまま採用するが、地域の人々に奉仕することが大事なので『地域』の文字を増やしました。より多くのお客さまに役に立ち、一層の生きがいを味わいたいと思います」と。

（ジャスコ・二〇〇〇）

何気なく付け加わったように見えるこの「地域」の文字であるが、その後のジャスコにとって会社を支える理念上の柱となる。

こうしてジャスコがスタートした。

5　まとめ

一九六〇年代後半、スーパーマーケット業態は成長期を迎え、チェーン各社は生き残りを賭けて莫大な成長投資が迫られていた。それに対して、岡田は合併を通じて成長を図ることを決断した。本講では、その経緯を見てきた。

岡田屋とフタギとの二社合併の予定であったが、あらたに株式会社シロも参加を表明した。まずは三社で本部機構の会社を設立することにした。その設立直後にシロの不祥事が見つかった。

そこからその不祥事の解決に経営陣は奮闘努力することになる。本来なら解決に向け指揮を執るはずのシロの井上社長が亡くなったというのも痛かった。シロの問題は、財務問題から内部管理問題、さらには組合問題にまで広がった。三社が共倒れになるリスクを避けるために三社合併を中止して二社合併で進める可能性まで検討することになった。

それに対して二木・岡田・小嶋のジャスコ経営陣は、合併により仲間となったシロと共に歩むことを決め、組織の分裂を回避すべく全力を尽くした。その努力は功を奏して、時間はかかったもののなんとか本体の合併にまでこぎつけることができた。

合併仲間を切り捨てることなく当初の合併構想の実現を計ったわけであるが、そこにはジャスコに賭けた彼らの強い思いがあった。次章では、経営陣がこの合併に賭けた思いの内実を探っていきたい。

注

1）ここに挙がっている会社で現在も独立を保って経営しているのは、丸井、灘神戸生協（現・生活協同組合コープこうべ）、イトーヨーカ堂（現・セブン＆アイホールディングス）、大丸百貨店（現・J．フロントリテイリング）である。それ以外の会社の多くは他社に吸収されたり消滅したりしている。

2）表示された数字では、経常利益七〇〇万円、当期利益二六〇〇万円強の黒字決算であったが、実際には、シロの二〇期決算（一九六九年二月二一日～一九七〇年二月二〇日）は、売上高一五〇億円、経常利益マイナス四億二〇〇〇万円、当期純利益マイナス三億七〇〇〇万円の赤字であった（ジャスコ・二〇〇〇）。当時のシロの資本金が三億円であったことを考えると大きい額だ。

3）ちなみに、伊丹十三監督の『スーパーの女』という映画を見られた方なら、そのあたりの事情はわかると思う。その映画は、サミットストアの経営者だった荒井伸也氏が、安土敏のペンネームで書いた「小説スーパーマーケット」（講談社文庫）を原作とする。その映画は、スーパーマーケット店が舞台で、組織の上からの統制を嫌がり反抗する職人たちに対して、なんとかマネジメントを定着させようと奮闘努力する宮本信子扮する女性マネジャーの活躍が描かれる。

4）鈴木定一が所属していた「マルサ」は静岡県浜松市で三店舗三〇億円規模の会社だったが、一九六八年に岡田屋が資本参加し、その後一九七〇年にジャスコと合併していた（ジャスコ・二〇〇〇）。

第5章

心と心の合併

前章では、ジャスコ誕生の経緯と突然の内紛勃発の事情を明らかにし、それにジャスコ経営陣がどのように対処したかを見てきた。ジャスコ経営陣は、最初に掲げた三社合併の決定を揺るがせにすることなくその解決に向けて奮闘努力したのだが、そこにはどのような思いが潜んでいたのだろうか。本章では、彼らがこの合併に賭けた思いを浮き彫りにしたい。

まずそのために、ジャスコの設立の一方の当事者となったフタギ株式会社の歴史を見ていく。同社が、創業者二木一一によって率いられ零細小売商からスーパーマーケットチェーンへと発展する歴史と、それを導いた経営理念が探られる。そこから、新生ジャスコが守ろうとした理念や二木一一が言うところの「心と心の合併」の意味が見えてくる。順に見ていくことにしよう。

1 二木一一（フタギ）の経営理念

ジャスコ設立において主たる合併当事者となったのは岡田屋とフタギである。両社は歴史の長さは違ってはいるが、経営に対する考えはよく似ていた。それがこの合併の成功のそもそもの理由だと思われる。その点に留意しながら岡田屋の合併相手となったフタギという会社について少し詳しく見ておこう。

フタギの創業者は二木一一である。彼は、一九〇九年に兵庫県揖保郡《いぼぐん》伊勢村大堤で生まれた。

父は彼が生まれてすぐに亡くなり、その後は母が一人で苦労して彼を育てた。母は針仕事で生計を立てていたが、二木自身もそれを助けるべく小学五年生の頃から新聞配達を始めた。その頃の二木の様子を、千鶴子は自著の中で次のように紹介している。

「生まれて二〇〇日目にお父さんがお亡くなりになり、六人の子供を抱えたお母さんは生活のために、石山で厳しい石割の仕事までしたそうです。二木さんの言うには、朝は朝星、夜は夜星、乳呑み児の自分はひとり納屋の中で泣いて育った。小学校の頃も母の寝た姿を見たことがなかった。自分が目を覚ました時は起きている。十一時に寝る時も手仕事をしているという有りさまだったそうです。」

（小嶋・二〇〇三）

さて、二木は、姫路市城陽尋常小学校高等科を卒業した後、小学校五年生から同じ姫路市の井口新聞舗に住み込みで就職した。新聞配達だけでなく、新規顧客の開拓にも力を発揮したそうだ。十年足らずの間に「姫路市内で二木を知らない人がほとんどなくなり〝毎日新聞の二木さん〟で通っていた」という（ジャスコ・二〇〇〇）。

二五歳の時に結婚し、二八歳の時に夫婦で姫路市内に二木洋品店を開いた。店は順調だったが、三五歳の時に召集がきて二等兵として大陸に渡り、生死を分けるような苦労を重ねた。戦争が終わってようやく復員してきたのが一九四六年五月のことだった。

店は震災で焼けてなくなっていたが、同じところで借家で古着屋を始めた。売っては買い、買っては売るというスタートだった。しかし、二木は、当時出回っていた軍服地や毛布を買い取って染色工場に持ち込み、濃紺やこげ茶に染め変えて背広地やオーバー地に変えて販売することを考えた。これが市場で受けた。

続いて、先に岡田屋のところでも述べたが、戦後しばらくして衣料品が配給制になった時期があった。当時「丸公」と呼ばれていたのだが、フタギはその商いに注力した。フタギの売上実績は伸び、この配給制が終わる頃には兵庫県で第四位にまでのぼった。そのときの第一位は神戸大丸、二位は神戸そごう、三位は神戸三越という三宮・元町あたりの都心部百貨店だったことを思えば、まさに堂々の四位である。

四九年にはフタギ株式会社を設立し、五〇年十月には同じ姫路市の西紺屋町に新しく店舗を構えた。表三階の裏四階の延べ百坪の建物で、姫路では戦後初めての鉄筋コンクリート建てだった。

二木は、倉本長治が主宰する『商業界』のセミナーにもよく参加した。五二年に熱海で開かれたそのセミナーで、二木は倉本の「無代進呈売り出し」の話を聞いて感動する。倉本の話は、「お買い上げ金額と同じ金額の商品を無代で差し上げる」という企画についての話だった。倉本は、その当時から自らの周りに集まってくる商人たちに対して、「店はお客さまのためにある」という商人倫理を教え伝えていたのだが、その一環としてこの売り出し企画の話を出したのだろう。

二木の店にも在庫はたまっていたが、そのとき初めて、在庫が自分の資産と考えることは間違いであることに気づいた。在庫だけではない。その理屈で言えば、建物も什器備品も、考えてみれば、すべてお客さまからの預かりものということになる。

二木は、倉本の話を聞いてみずからを深く反省した。自分の欲で貯め込んだこの在庫を、お客さまにいったんお返ししようと決心した。そして姫路へ帰るとすぐに、「無代進呈売り出し」の広告を出した。この売り出しは人気を博し、売り出し三日目には商品が店から消えてしまったという（ジャスコ・二〇〇〇）。

二木はさらに、五三年には、彼が言うところの「多数経営」に踏み切る。「多数経営」とは、幹部社員を登用し経営の権限を彼らに大幅に委譲する試みだ。「週一回の幹部会議で二木の意見と食い違いがある場合は、幹部会議の議決を優先しそれに従う」というかなり思い切った民主的な会社運営のやり方を取り入れた。

六〇年には、東京大学を卒業した次男の英徳がフタギに就職し、翌六一年に「フタギ長期五か年計画」を立てチェーン化を目指した。チェーン一号店は、六一年に加古川にオープンした。売場面積は七二〇㎡、食品中心で日用雑貨、軽衣料も扱った。

翌六二年には高砂店、広畑店、赤穂店、竜野店をオープン。翌六三年には、山崎店、姫路本店、明石店をオープン。さらに阪神間の西宮にも手を伸ばした。その後、神戸市から、垂水、長田、湊川、板宿の各店をオープンした。六七年にはダイエー、ニチイ、いずみやといった競合相手がひしめく尼崎（尼崎店二三七〇㎡）にも進出。そして六九年2月期には、フタギの店舗数は総計二九店、資本金は一億二〇〇〇万円、年商一二二億六八〇〇万円に達した。

フタギの手短な紹介だが、それを育て上げた二木の人となりについて、千鶴子はこう述べている。

「私の知っている二木さんは文章もとてもうまく、話も上手で、大変頭のいい方でした。筆舌に尽くしがたい苦難、戦争・出征・戦災等々を受けられたのですが、全く苦労の影のない人柄で、ケチなところは微塵もなく、ゆったりと親切であたたかい人でありました。（略）二木さんの商売の理想であった正しい商道、そして果敢な挑戦精神はジャスコの背骨として今も引き継がれていると信じています。」

（小嶋・一九七七）

この言葉から、商人として人間として、千鶴子が二木を尊敬する気持ちが伝わってくる。

ここで千鶴子は「商道」と言っているが、それは、二木が言う「店はお客さんのためにある」という言葉を指しているのだろう。そしてその考えは、第2章で述べた岡田屋の経営の伝統である「公器としての店」の考えと重なりあう。いずれも、店はオーナーや経営者が、自分たちのためだけに利益をあげたり、好き勝手に会社の資産や利益を処分したりしてよいものではないこと、つまり「店は公の存在」であるという考えに基づくものである。二木が信じる商いの道と千鶴子や卓也が大切に思う岡田屋の伝統とは底でつながっていることを窺い知ることができる。

2 ジャスコにおける共生志向

ジャスコにおいては、「共生」志向が息づいているように見える。ここで「共生」というのは、「自分の欲求や利益だけでなく仲間の立場も考えて行動すること」や「仲間と協力し合いながら互いに成長すること」を意味している。ジャスコには、その志向が息づいていることを知るために、ジャスコ成立前の岡田屋とフタギの二社の提携発表の時点に話を戻して見てみよう。

第一に、そもそも、設立された新会社の「ジャスコ」という名前自体が共生を志向する名である（Japan United Stores Companyの頭文字）。卓也に言わせると、「日本全国の小売企業と連邦制経営をする会社という意味」である（岡田・二〇一二）。これは、社員から公募した名前であるが、この名には卓也をはじめジャスコに集う人たちの思いを表している。

第二に、合併の際の覚書においては、第四条に「さらなる合併を歓迎する」文言が盛り込まれていたことである。「今日以降、新しく参加される同志を平等に迎える。参加各社は将来合併する」という文言がそれだ。合併に際して、ジャスコへのさらなる連携・合併を全国の小売業経営者に呼びかけると共に、遅れて参加した会社も同志として平等に迎えることを宣言し公表したのである。

その宣言には、岡田屋とフタギの二社合わせても合併当時の売上高は三三〇億円にすぎず、まだまだ規模の点ではライバルには遅れをとっていて、さらなる合併が促されていたという事情は無視できない。とはいえ、ジャスコの経営者たちが共通して、「会社はだれのものでもなく公の器だ」という考えをもっていたことも重要だろう。合併相手を平等に迎え入れるという宣言はその思いの表れでもあった。

❖心と心の合併

第三に、ジャスコでは「心と心の合併」が大切であることが共有されたことである。ジャスコ会長に就任した二木一一は次のように述べている。

「世間一般では協同してよくなった例より悪くなった例のほうが多い。協同は理想であっても現実は難しい。難しいことをやるのだから覚悟が必要である。自己を捨てること、ノリとなり肥料となる役目こそが必要である。お互いが胸を開いて、いわば、心と心との合併をしなくてはならない。」

（ジャスコ・二〇〇〇）

このことばは、たんに「共に生きたい」という願望の表現にとどまらない。「自己を捨てる」ことや「ノリとなり肥料となる役目」をそれぞれに要求しているからだ。自分を捨てることも厭わない覚悟があって、「共生」が可能になると説くのだ。

「共生」ないしは「心と心の合併」について、卓也も当然のことながら異論はなかった。彼は、合併には3つのかたちがあると指摘する。「法的合併」「組織の合併」、そして人間同士の心が一体となる「心の合併」の3つである（岡田・一九八三）。そして、心の合併の意義を説く。

「小売業の経営においては「人」の要素が非常に強いだけに、単に法律的に提携や合併をしてみても、人と人の合併、つまり「心の合併」がなければ、期待したメリットはあがらない。欧米では、合併は「新しく店をつくったのとまったく同じ」とドライに考えるけれど、日本の場合はそう単純に割り切れるものではない。」（岡田・二〇一一）

欧米流の合併は店や売場などの物的資源の獲得の効果が評価されるが、人の要素が重視される日本ではそういうわけにはいかないというのである。

また、卓也は、合併は買収と似ているが性格はまったく違うものであることを、私とのインタビューのなかで強調している。

「ダイエーさんの場合は買収だったと思いますが、私どもは合併だったのです。これは非常に違っていると思います。合併であるということは、端的に言えば、ジャスコならジャスコの中での（私どもの～筆者注）シェアというのが減っていきます。買収なら減ることはありません。」

（岡田インタビュー・二〇一三）

「買収と合併とは違う」ということばからは、合併するごとに会社の中での自分の持ち分が小さくなっていくことを理解したうえで、「それで構わない、それ以上に大切なことがある」とする気持ちがあることがわかる。それこそが共生への志向に他ならない。

また、千鶴子も、「合併後いつまでも企業として一体化せず、人的なトラブルが続き、効果を上げ得ないでいる企業の事例を、われわれは数多く見ることができる」と述べつつ、「心と心の合併」の意義について次のように述べている。

「元会長の二木一一さんが唱えられた「心と心の合併」を軸にしたジャスコにおいては、なおさら、人心の一致と融合が重要な課題であった。合併を目指した三つの会社が結集しようとしたとしたものは、売上高や店舗資産、商勢圏といった物的なメリットよりむしろ人間の英知と活力だった。」

（小嶋・一九七七）

合併のメリットにはいろいろある。そのなかにはもちろん、千鶴子が合併前から行っていた「従業員の生活の安定のために必要な規模拡大」も含まれる。だが、千鶴子は、合併が目指すものをそれだけで捉えていたわけではなかった。二木の「心と心の合併」への願いを受け入れ、合併を通じて人間同士が結びつき、それぞれの英知や活力を発展させることが重要だと考えていたのである。

3　組織の融和問題

経営トップにおいて共生の精神が共有されている様子を見てきたが、そのための具体的施策として組織の融和策が重要である。組織融和の課題解決に向けて重要な役割を果たしたのは、千鶴子であった。岡田屋の経営における彼女の関心は、見てきたように、会社の外に向けての活動よりむしろ組織の中で働く人の問題、具体的には人事や労務の制度に関心があった。アメリカ視察でも、彼女の関心は他の人と違っていたことは前に述べた通りである。

彼女は、ジャスコでは人事部門のトップである人事部長に就き、融和策、ひいては「心と心の合併」の実現に努めた。彼女自身、三社の組織の融和に向けての思いは強かった。その点についてこう述べている。

「それぞれに異なった環境で働いていた人たちの集団では、当然のことながら、ものの考え方や判断基準も異なる。能力のレベルも、能力をはかるモノサシそのものも、三社それぞれで大きく異なっていた。もちろん、給与、福利厚生などの待遇面でも差があった。どこかにしっかりした母体があり、少数の人間をそれに吸収・順化させていくのなら、時間はかかっても比較的容易である。しかし全く異質のものを一本にまとめ上げていくのは生半可なエネルギーでは不可能である。」（小嶋・一九七七）

異質な組織の融和がどれだけ難しい課題かを彼女は十全に理解しつつ、さらに続けてこう述べる。

「そしてこの合併こそが、それぞれ別の道を歩んできた三つの企業をいったんご破算にし、まったく新しい組織をつくっていこうとするものであった。私の人生における正念場でもあった。」（前掲書）

難しい課題であることを自覚しつつ、千鶴子は積極的に取り組んだ。

会社人事の原則は、すでに岡田屋時代に制定していた。すでに述べたように、「公正・人間尊重・変化即応・合理性・能力開発」の五つの原則がそれだ（岡田・二〇一三）。ジャスコにおいてもその原則は継続した。その原則を基本方針として、人事制度の構築を図った。彼女にしてみれば、ジャスコでの試みとは、岡田屋時代以来実践してきた人事の基本をあらためて検証する試みでもあった。彼女が「人生の正念場」というのは、そういうことだったのだろう。

人事責任者としての彼女のいくつかの試みを紹介しておこう。

❖職能資格制度

ジャスコにおける人事制度の第一は、職位と資格を分離する制度、つまりラインマネジャーにもスペシャリストにも実力を十二分に発揮できる機会を提供する職能資格制度の導入である。それまでは職級制度だけで、職級ごとに責任・権限・報酬などを設定し、昇進や昇給の基準となる要素を明確化していた。だが、それだけでは年功序列色が濃くなることもあって、各人の職務能力に応じて職位を与える制度を組み込んだ。能力主義が加味されることになる。そのさい登用制度についてもできるかぎり客観的であることを保証すべく、ペーパー試験が組み込まれた。

実務能力を評価・判断するのにペーパーテストというのはどうかと思う人はいるかもしれないが、千鶴子は、ある一定の資格まではペーパーテストの結果を重視した。その理由としては、上司の評価だけでは主観の比重が高くなってしまうという理由以外に、ペーパーテストが各人の各分野の知識レベルを測定することができるという点を重視した。

彼女は、教育や研修の効果を素直に信じた。実際、①知識レベルがある一定レベルを超えると急速に相乗効果を発揮し能力として大きく開花するとか、②集合的な知識のレベルが高くなると組織の隅々までコミュニケーションが浸透するとか、③教育に熱心な部署は業績が良いとか、④その部署の職場でのモラールも高いとか、教育のメリットをいくつか指摘しながら教育の意義を説いている（小嶋・一九七七）。

❖専門職育成制度

彼女が重視した第二の制度は、専門職育成制度だ。専門職の一つに、コントローラーがある。コントローラーとは、月別・部門別の予算計画を立案し「月中コントロール」の中でその変更をトップに進言する職位だ。計画と実績との誤差を一定範囲に抑える責任を負う仕事だ。もう一つは、「エデュケーター」という専門職の仕事だ。それは、スペシャリスト候補の選抜、個人別カリキュラムの作成、キャリアディベロップメント計画の作成など教育計画についてトップに進言する職位だ。

その後も、「店舗開発スタッフ部門」や「在庫コントローラーのスタッフ部門」が専門職として確立された。それぞれのスタッフは、必要な時に社内公募を経て選抜される。前者は、大規模小売店舗法施行下における店舗展開に対応するため、後者は商品の多様化とともに商品回転率の改善が急務となり、在庫コントロールの専門スタッフが必要となったためと言われている（ジャスコ・二〇〇〇）。千鶴子は、そうした専門人材の育成を積極的に計っていった。

❖融和に向けた基本姿勢

こうした諸制度を設置する一方で、制度の基礎となる姿勢も明確にした。それは、社員の立場からの機会均等と公正の原則を徹底して貫こうとする姿勢である。こう語っている。

「人心の一体化に当たって最も大切なことは、社員のポストや給与待遇面において徹底した機会均等と公正の原則を貫くことである。合併企業のトラブルはこうした待遇面において公正さや公平さを欠くところから発生する。特定企業のエゴイズムがすこしでも出たら、トラブルが起きるのは必至であり、合併後も深いしこりとなって残るものである。たとえ、不公正や不公平なことが実際に行われなかったとしても、そのような誤解が生まれるだけでもマイナスである。」

（小嶋・一九七七）

「徹底した不公正さと不公平さを避ける」「社員のあいだに誤解を生まないようにする」、これが、彼女が自分に課した仕事であり決意だった。具体的には、社員の立場から見ての機会均等と公正の原則を計るべく、そのためのルールづくりを目指した。

機会均等と公正のためのルールづくりそれ自体は、多くの組織で試みられていることであり取り立てて言うほどのことはないかもしれない。注目したいのは、各社員が誰もが「公正に運営されている」と理解するものでなければならない、つまり「すべての社員が納得する、これが大前提である」（前掲書）と千鶴子は考えたことである。

彼女は、そのための具体的対策を定めた。

まず、昇給、賞与の額、異動や昇進、それぞれのケースについて、「しかるべき条件を満たせば、それに見合うだけの処遇を受けられる」という明確で客観的な基準を定めること。そして、そのことが全社員に周知徹底されること。この二点だ。公正さや公平さはだれの目から見てもそれとわかる必要があり、そのために基準や制度が常に公表されなければならないというわけだ。

先に触れたように、ジャスコ設立時の第二組合結成時、生鮮食品を扱う職人たちの不満がとくに大きかったのだが、その原因としては組織の情報が彼らのところまで届いていなかったことが大きいと千鶴子は見た。そのとき以来、情報の周知徹底へのこだわりは強い。

千鶴子は仕組みや制度をつくりあげる上で意識して時間をかけた。こう述べている。


「一つ一つの仕組みや制度ができあがるまでには長い時間と労力がかかっている。その過程では実際に実験し、議論を交わし、さらに実験を繰り返した。」（前掲書）

千鶴子のそうした思いや考えは、たとえば自己申告制度の設置とその運営に見ることができる。その制度とは、自己申告用紙を、所属部長を経由せずに千鶴子人事部長やその上のトップに提出することを認める制度だ。制度自体は珍しくないかもしれないが，ジャスコではかなり徹底してその制度の浸透が図られた。

千鶴子の部下で長きにわたって共に仕事をした東海友和氏は，いろいろな社員からいろいろな問題が人事部長の千鶴子のところに上がってくる様子を，彼の書のなかで述べている。子育ての悩みや，年老いた親の面倒をみるための転勤希望なども上がってくるそうだ。ある時，家族の病気の悩みの申告書を見逃した東海に対して，千鶴子は諭すように注意したと言う。

「あのな，自己申告書は社員が困っていると書いてくれたのや。それに対してなんの対処もない，反応もないとしたらこの社員は二度と書かなくなるで。いや，それどころか会社を信用しなくなる。ひょっとしたら他の社員にこのことを話すかもしれん。そうなったら，自己申告書は何の役にも立たないのだと広まっていく。自己申告制度は，やがて形骸化して機能しなくなる。」

（東海・二〇〇九）

東海は，社員が提出した自己申告書を千鶴子が注意深く丁寧に見ていたことや，問題があると睨んだときには即座に対処している様子を紹介しながら，千鶴子が自己申告制度をことのほか重視したことを述べている。

以上，千鶴子の組織融合の取組みをいくつか紹介してきた。留意したい点は，組織におけるルールを明確にし、それを周知徹底させようとしただけでないことである。ルールをつくれば現実が変わるわけではない。新しいルールが期待通りに働くかどうかはまた、別問題なのである。時には、望まない現実が生まれてくることだってありうるのだ。彼女は、そう思っていたのだと思う。組織のルールが、組織にどのようなかたちで定着するかを見つつ何度も実験を重ねて、その定着を計ろうとしたのはそのためであろう。

4 まとめ

本章では、ジャスコ経営陣がジャスコ設立時に勃発した危機に対して一致団結しながら立ち向かった姿を追い、その解決に賭けた経営陣の思いの源を探ってきた。そのために、第一にフタギの歴史を訊ね「公器としての店」の理念がフタギを支えていたこと。第二にそれは前章でも触れたが岡田屋と共通する経営思想であったこと、第三に両社が合併して「心と心の合併」を訴え、共生の価値を重視したこと、第四に（シロを含めた）三社の組織の融合策を計り、いくつかの人事面での制度づくり、「社員の立場からの機会均等」と「公正の原則」を図ったこと、を明らかにした。

カギとなる「公器としての店」の概念と「心と心の合併」の概念をあらためて「新生ジャスコにおける思い」として整理し、わかりやすく図に示しておこう（図表5）。

「公器としての店」の精神においては、①店は社会からの預かりものであり、②資産や利益は株主や経営者の思いのままに処分してよいものではないこと、③店はお客さまや働く人たちのためにあること、④店は現世代だけではなく次世代以降にも価値ある存在であること、が強調される。「心と心の合併」の姿勢は両社のそうした精神から自然に生まれてくる姿勢だろう。そこでは、①合併に際しては資源や規模ももちろん大事だが、一番大事なのはそこで働く人だということ、②そのために他人の立場を配慮し他人との共生を計ること。そして③「不平等や不公平をなくした組織づくり」を計ることということになる。

〔図表5〕新生ジャスコにおける思い

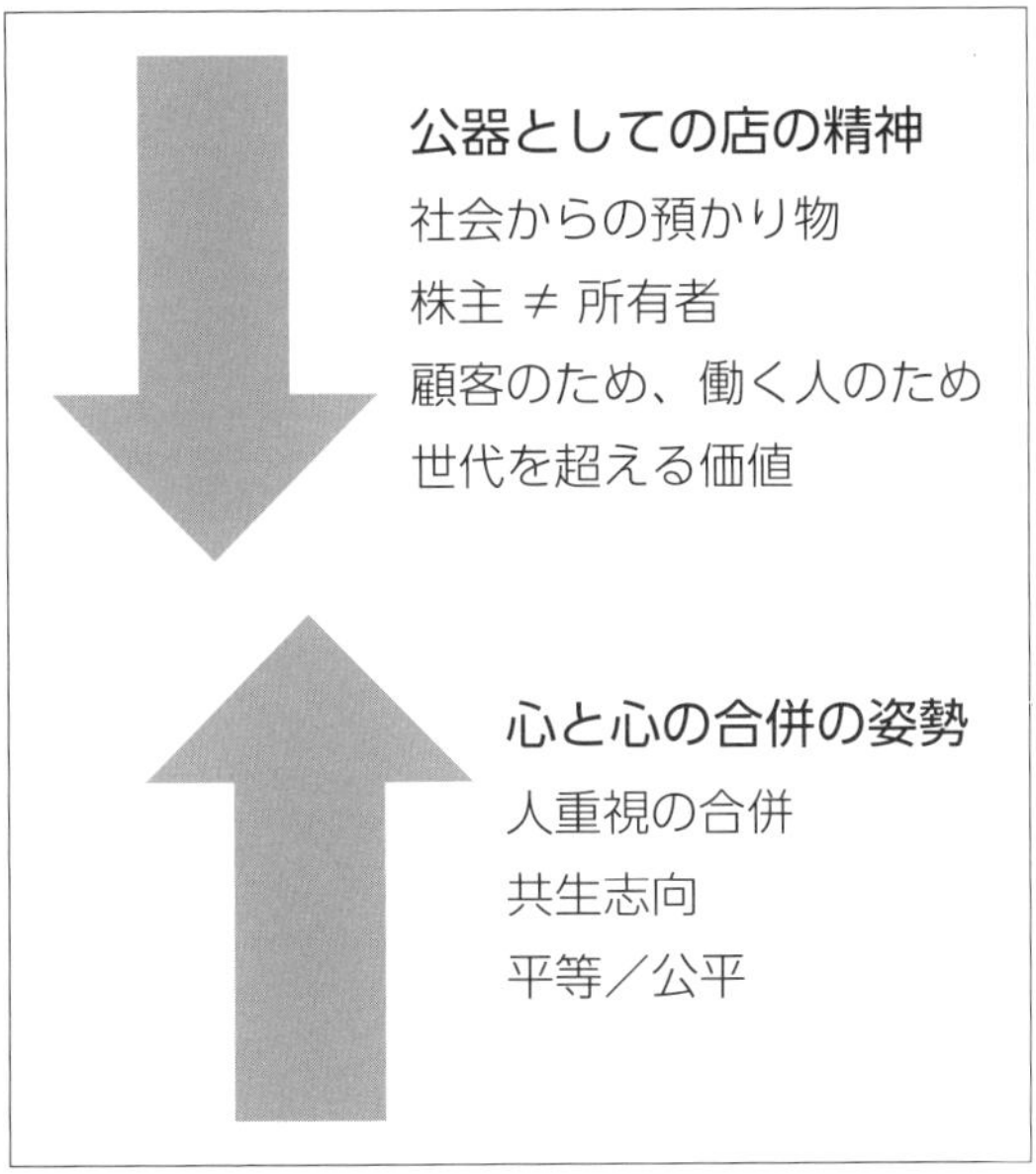

前章で紹介したように、致命的になりかねない大きい亀裂が生じた新生ジャスコの組織であったが、当初の三社合併構想を放棄することはなかった。そこには、この図に示す「心と心の合併」の姿勢、そして「公器としての店」の精神が、合併

構想の実現のための支えになったのだろうと思う。

この後もジャスコは数多くの合併を試みることになるが、合併の過程で起こりがちな組織の亀裂や軋みを生みだすような大きい問題を引き起こすことはなかった。そうした点でどのような施策が試みられたのかについては次章で紹介する。

第6章

連邦制経営

前章では新生ジャスコにおける内なる課題となる組織融合問題を扱ったが、本章以下3つの章では、外なる課題、つまり店舗を軸とした営業上の取組みが取り上げられる。最初に、2つのジャスコに特徴的な取組みが紹介される。ひとつは連邦制経営の取組、もうひとつは店舗改廃の取組みである。本章では、そのうち連邦制経営を取り上げ、第7章では店舗改廃戦略を取り上げる。続いて第8章では、都市部の市場とローカルの市場とのあいだで店舗方針を巧みに使い分けた取組みを取り上げる。

❖ジャスコの店舗営業の概要

それら取組みを順に見ていくことになるがその前に、あらかじめ、この間の営業上の取組みを年表形式で整理しておこう。ジャスコ誕生後の取組みとそれを取り巻く環境の変化を取り上げている。

〔図表6〕ジャスコの営業上の取組み

年	ジャスコの取組み	環境の変化
1965年～	急速に進む店舗の陳腐化 同業種競合の激化	人口の都市移動 自動車の普及 生活様式の変化
1970年	第一次合併：ジャスコ誕生	
1972年	第二次合併 地域法人の設立開始	
1973年	第三次合併 共存共栄型SCの開始	
1974年～	競合を避け地方市場に着目 地域法人制度 共存共栄型ＳＣ	大規模店舗法施行
1976年	第四次合併：扇屋、伊勢甚	
1980年～	大都市市場への回帰	

右の表では、ジャスコの取組みに加えて、ＳＭの発展に重大な影響を与える外的環境変化と

して二件示されている。その第一は、一九六五年前後からの、人口の社会的移動と自動車普及という日本人の生活様式の変化である。同時期にSM各社での爆発的出店があって、SM店舗同士の競合が激しくなっていることにも留意する必要がある。

第二は、一九七四年に大規模小売店舗法が施行されたことである。その後二〇年以上にわたって大規模店の出店は厳しく制限されることになる。当然、その前後から各社戦略は変更を余儀なくされることになる。

こうした背景のもと、ジャスコの営業戦略が展開するのだが、本章ではまず、ジャスコ独特で、かつジャスコ成長の軸となった戦略である地域法人制度について検討する。

1　地域法人制度の確立を通じての成長

第4章で紹介した合併時の宣言を見るとわかるように、ジャスコの設立は、その設立でもって一区切りをつけるのではなく、全国の小売業者とのさらなる提携のための受け皿づくりのスタートに他ならなかった。実際、卓也は、その後も各地を回って志を同じくする相手を探し求めた（岡田・二〇一二）。

その成果もあって、ジャスコは継続して合併による成長を進めたが、**図表6**でも示したとおり、同社内では合併に関する四つの時期が区分されている。

① 第一次合併。岡田屋とフタギの二社合併におけるジャスコ誕生の合併。
② 第二次合併。一九七二年、シロを引き継いだ「京阪ジャスコ」と、広島県呉市の「やまてや」との合併。
③ 第三次合併。七三年、山形県米沢市の「かくだい食品」、同じく酒田市の「マルイチ」、福岡市の「福岡大丸」、大分市の「三和商事」との合併。この三次にわたる合併の結果、ジャスコが活躍する地域は東北から九州まで大きく広がった。
④ 第四次合併（七六年から七七年にかけての合併）。千葉県の「扇屋」（七六年）、北陸の「いとはん」（七六年）、茨城県の「伊勢甚百貨店」（七七年）、「日立伊勢甚」（七七年）、「ジンマート」（七七年）との合併。

全国に広がる合併活動の受け皿となったのは、地域ジャスコと呼ばれる地域法人制度で、連邦制経営の軸となる制度であった。その概要と役割を見ていこう。

① 地域法人の設立

この地域ジャスコという制度は、七二年に広島市呉市の「やまてや」との合併に始まる。合併により「山陽ジャスコ」が誕生した。「山陽ジャスコ」の経営陣には、会長に岡田卓也、社長に「やまてや」社長の荒角理宰が就いた。

地域ジャスコ方式の骨格は、

①　地方の有力小売業とジャスコが合併する、
②　その上で新しく百%出資の地域法人（地域ジャスコ）をつくる、
③　地域法人社長にはその有力小売業の経営者が就任し自律的に経営を進める、
という点にある。

この合併について、当の荒角社長は、社内報のインタビューで、「ジャスコと合併できたことを最大の栄誉と考え今までどおり商人として恥じない人生を送っていきたいと思います」と述べている。やまてやから見て、納得ずくの合併だったことがわかる。

一方、ジャスコのほうでは、いわば「当該地域の経営者にその店舗の経営を任せる方式」、つまり地域分権的な方式は合理的な性格のものだと考えていた。卓也自身こう述べている。

「私は新規出店にあまりこだわっておらず、むしろローカル同士の合併や提携のほうがいいとさえ考えていた。というのは、小売業は「人」であり、地域産業であるから、そこへ新参者がいきなりのり出してきても、うまく行くとは限らないと思ったからである。」

（岡田・一九八三）

見知らぬ土地に外部からやってきた小売会社が新規出店して経営するリスクは大きい。そんなやり方より、すでに当地のことをよく知った経営者と共同で店舗運営を行うことのほうが理にかなっていると考えた。卓也は、ハードとしての店舗そのものより店舗運営というソフトのほうに価値を置いていることがわかる。

さて、このジャスコの地域法人方式だが、具体的な取組みの話に入る前に、その方式の性格について、類似した他社方式と比較してのその特徴を浮き彫りにしておこう。

❖そごうとダイエーの出店方式との比較

当時、小売業界で意欲的な出店活動を進めていたのは、百貨店のそごうと総合スーパーのダイエー、そしてこのジャスコであった。だが、出店方式は三者三様であった。

そごうは、ジャスコのそれに似た地域法人方式を採用していた。同社は、出店した店舗の不動産を担保にして、次の出店資金を賄った。その方式で、「千葉そごう」から始まって、「いよてつそごう」「柏そごう」「広島そごう」等、日本の太平洋岸に沿って各地に百貨店を展開していった。それぞれの店舗は、そごう本社からは独立したかたちで経営された[1)]。

ダイエーも、出店店舗の土地を担保にして資金調達し、次の店舗開発資金を賄う方式を採用した。その点ではそごうと似ていた。当時、大量出店していたこれら3つの会社の方式の違いを**図表7**にまとめておこう。

三社比較のための第一軸は「担保力を重視する」かどうかである。土地・建物を自力で購入して、その担保力をベースに次に出店する店舗の資金を調達するのがそごうとダイエーのやり方だ。他方、ジャスコ方式は店舗の土地・建物はリースで借りるので、そうした志向はない。

〔図表7〕地域ジャスコの性格
～そごうとダイエーの出店政策との比較～

	そごう	ジャスコ	ダイエー
担保力の重視（不動産志向）	○	×	○
店舗経営の独立性	○	△（インフラ支援）	×（本部支配）
資本と経営の分離	○（独立資本店舗）	△（地域ジャスコ）	×
	地域子会社型	地域事業部型	社内組織型

第二軸は、「それぞれの地域店舗の経営の独立性」だ。そごうは地域そごうの経営については、それぞれの店舗に任せられていた。他方、ダイエーは、徹底した本社（本部）主導体制をとった。出店地を決めてから開店まで、売り場構成や商品構成に至るまで本部は強い影響力を及ぼそうとした（石井・二〇一七a）。ジャスコは、店舗経営はその店舗の経営者に任せるやり方をとったが、インフラにあたる業務部門については本社が対応する体制を敷いた。その意味で、そごうとダイエーの中間的な性格と言える。

第三軸は、資本と経営の分離の程度だ。地域そごうはすべてそごう本社から資本的に独立した会社になっていた。ジャスコは、地域の小売会社と合弁で地域ジャスコをつくった。ダイエーの場合は、店舗の経営に外部の資本はかかわらない。

この当時、全国に向けて多店舗展開を図った会社として有名な流通の他の二つの会社と比較すると、ジャスコの狙いが見えてくる。各地域の店舗は、そごうのように独立した子会社型でもなく、かといってダイエーのように本社が直接管理する社内組織型でもない。地域をベースにした事業部、いわば地域事業部型といった位置づけになる。ジャスコの狙いはここにある。

❖地域事業部制店舗

さて、地域事業部型店舗として性格づけられる地域ジャスコだが、ジャスコ本社との関係もその分、少し複雑になる。そこは経費負担の面から見るとわかりやすい（イオン・二〇二〇）。地域ジャスコの店舗においては、店舗の賃貸料、商品の仕入れ経費、そして本社サービス対価の3つの経費が重要だ。

① まず地域ジャスコがジャスコ本社に支払う店舗・事業所の賃借料だが、おおむね合併時点の簿価の五％とされる。

② 次に、地域ジャスコが販売する商品の仕入れは、ジャスコ商品本部が仕入れて店舗に原価で卸すかたちをとる。その場合、地域ジャスコは、商品本部経費負担の名目で売上の一・五％を手数料として支払う。なお、地域特性が強い商品については地域ジャスコ独自の判断で仕入れることができる。

③ ジャスコが開発・蓄積した人事教育・情報システム・店舗開発技術などのノウハウは、本部からのサービスとして提供される。それらのサービスは、経営技術指導料契約に沿っておおよそ売上高の三％を支払う。

地域ジャスコの店舗では、不動産は所有しない。加えて、店舗運営のためのインフラ（教育、情報システム等）投資の負担もない。合併前に比べると、それら固定資本部分が変動費化することになる。固定費部分に対する経営上の配慮が不要になる分、店舗経営も簡素化されることになる。

② 地域ジャスコ設立に向けた取組み

さて、地域ジャスコのだいたいの経営の枠組みが理解できたところで、具体的な設立の話に戻ろう。

卓也は、各地をまわってジャスコの仲間を募った。そして、多くの小売業者がその呼びかけに応えた。と、こう書くと提携・合併は順調に進んだように見えるかもしれないが、必ずしもそうとばかりは言えない。

両者にとってウィンウィンに見える地域法人方式だが設立へのハードルは決して低くない。というのは、対象となったほとんどの会社はその地域を代表する小売業者であり、経営者は一国一城の主でしかも多くは創業者で、家業としての色彩も強かったからだ。そのため、株主や経営者構成が複雑になり社内意見が一本化できない会社もあった。提携までこぎつけてもすべての会社がジャスコとの合併へと進んだわけではない。そのあたり、うまく進まなかった例をまず見ておこう。

地域ジャスコへの取組みは一九六九年に東北地方の六社が、卓也の提携の呼びかけに応えたところから始まる。秋田県大館市の「株式会社伊徳」、山形県米沢市の「かくだい食品」、秋田県本荘市の「株式会社つるまい」、山形県酒田市の株式会社「マルイチ」、福島県会津若松市の「株式会社マルトミ」、山形県山形市の「株式会社ヤマザワ」の六社がそれだ。

各社のマニュアルの交換、人事交流、経営指標の相互公開などから始まり、七〇年三月に新たに新潟市の堀川蒲鉾工場を加えて、ジャスコを含む八社で「東北ジャスコチェーン」が設立された。

この東北ジャスコチェーンでは、共同仕入れや共同商品開発からスタートしてその後、提携関係に入った。七一年には、新たに「北日本セルコ」と「東北セルコ」と提携し、「東北スーパーチェーン連合」が結成された。会社数は合わせて二六社、店舗数は一二八店、年商総額三〇九億円という大規模な提携に膨れ上がった。だが、この連合は長くは続かず、「東北ジャスコ」ともども数年後には解散してしまう。

ただ、完全解散ではなく、このグループのうちの「かくだい食品」と「マルイチ」はその後、ジャスコの「第三次合併」に参加する。また、「つるまい」の木賊《とくさ》義紀社長は、合併した後、七四年から七五年までジャスコの取締役商品第二事業部長を務める（ジャスコ・二〇〇〇）。

同時期、山陰でも地域ジャスコの設立が進んだ。七〇年、ジャスコは、島根県益田市の「キヌヤ」、同安来市の「原徳チェーン本部」の二社と業務提携を行い、共同出資の「山陰ジャスコ」を設立した。山陰ジャスコはその後、最盛期には一一店舗、売上高三〇〇億円にまで拡大したが、その後九六年には一部店舗をジャスコに営業譲渡したほか、九八[illegible]に清算した（前掲書）。

中国ジャスコも同じような経緯をたどった。七〇年、「やまてや」（広島県呉市）、「大和」（山口県宇部市）、「鶴屋」（広島県尾道市）、そしてキヌヤ（島根県益田市）の四社にジャスコを加えた五社で「中国ジャスコ」が設立された。そこに、山陰ジャスコも参加した。だが、最終的には「やまてや」だけがジャスコと合併することになった。

戦略的提携は、情報の交換、共同仕入れ、あるいは人事交流を含め、それぞれの会社の地力強化に結びつく。各社はそれを期待して提携するのだが、それぞれの会社の内情の違いもあってなかなか計画通りに統合へは進まない。

ジャスコはそれでも提携から統合へと努力を重ねた。七〇年から七三年の四年間で資本統合にまで進むかたちで、以下の四つの地域ジャスコが設立された。

① 山形県米沢市の「かくだい食品」（九店舗保有）との合併による「カクダイジャスコ」、
② 同県酒田市の「マルイチ」（九店舗保有）との合併による「西奥羽ジャスコ」、
③ 福岡市の「福岡大丸」（一八店舗保有）との合併による「福岡ジャスコ」、
④ 大分市の三和商事（四店舗保有）との合併による「大分ジャスコ」、

さて、この地域ジャスコ方式だが、七六年になって大きく発展する。千葉県と茨城県、それぞれの最大手小売業であった「扇屋」ならびに「伊勢甚」と合併し、それぞれ地域ジャスコ方式を展開した。両社ともに、業績的には不安のない会社で、どうしてジャスコと合併する必要があったのか不思議とさえ言われた。

この扇屋と伊勢甚さらに福岡大丸とかくだい食品の四つの地域ジャスコ設立の経緯について、少し詳しく触れておきたい。それらのケースから、どのような性格の会社がジャスコとの合併を望んだのかを含め、ジャスコの「心と心の合併」の内実を浮き彫りにできる。

2　扇屋と安田栄司

扇屋の前身は岡田屋と同じ呉服店である。安田栄司（一九〇二～七九）が、東京深川の門前仲町にあった「扇屋呉服店」に奉公し、その後独立して夫婦で一九三三年に、千葉市で「扇屋モスリン店」を開店したのが始まりである。一四坪の店舗のささやかなスタートだった。夫婦二人での小規模での開業は、先に紹介したフタギのそれと似ている。資本は乏しく、頼るのは自分と家族の才覚と労働力しかない。そんな状況での開業だ。

扇屋は戦争で一時休業したが、一九四六年に再開する。当初は、金物雑貨・古着なども扱った。売れるものならなんでも売るという再開のやり方は岡田屋と同じだ。その後、扇屋呉服店となり、四八年に法人化して「株式会社扇屋本店」を設立した。

本店は三三〇㎡の店舗規模を誇り、当時の衣料品店としては大型だった。その店が、全国にその名を轟かせる繁盛店となっていった。五二年に大宮店を開店してチェーン展開を始める一方で、五九年には千葉市にある本店を「扇屋百貨店」として百貨店を開業した。

なにより扇屋と安田栄司の名を高めたのは、扇屋が自分の商売のノウハウを惜しみなく同業の人たちに教えたことによる。次のように紹介されている。

「全国各地から有力小売店の見学が後を絶たず、安田会長はこれを快く受け入れ、伝票類その他経営ノウハウを惜しみなく与えた。いわゆる「扇屋参り」である。安田会長はそれらの店の子弟に広く勉強の場を提供するため、昭和二五年「扇屋研修制度」を発足させた。各地の有力繁盛店で安田会長の薫陶を受けた研修生は一〇〇名を超えている。」

（ジャスコ・二〇〇〇）

安田は、たんに経営ノウハウを公開するだけでなく、わざわざ研修制度まで設けて自分の経営ノウハウを公開した。流通研究者の矢作敏行も安田栄司について次のように述べる。

「安田はこうした経験から導き出された成功原則を独り占めすることなく、互栄会メンバーと共有し、さらにそこから熊谷・八木橋、土浦・小網屋、上野・赤札堂など繁盛店が続々育った」と（矢作・一九九七）。

安田は、近隣の競争相手になりかねない相手にも自らの経営手法を公開した。流通評論家の吉田貞雄に言わせると、米国に「フェデレーテッド」という百貨店があり、安田はそれに理想を求めていたそうだ。フェデレーテッドは、米国の各地の地方百貨店の連合体だったが、安田は日本でもそうした連合体を作りたいという思いのもと、小売業における協同・連携の道を模索していったという（吉田・一九八五）。

具体的には、安田は、一九六二年に設立された「日本大量仕入機構」の設立に直接かかわり、その代表に選ばれている。それも、メンバーからの強い要請によるものだったという。「業界のまとめ役として最適任であるからぜひ準備委員長を引き受けてほしい。ということでした。最終的に会長（栄司）が意思決定をしたのは、業界四〇数人の連判状と渥美氏（俊一、ペガサスクラブ主宰）の熱心なすすめによるものでした」という安田の長男・敬一の言葉が残っている（奥住・一九八三）。しかし、この仕入機構の取組みはそれ以上発展せず一九六八年には解散している。

それに代わるように、同六八年には、共同仕入機構「ナルサ」を、イトーヨーカ堂、サンコー、扇屋の三社を中心に中堅スーパー七社でもって設立した。しかし、そのうちのサンコーは、ダイエーとの合併に踏み切り、メンバーから脱退したこともありこの試みも続かなかった。

こうした扇屋の提携への挑戦の歴史から、安田の共同化への強い思いを知ることができる。その思いが実現したのがジャスコとの合併だったと言える。ジャスコとの合併にあたり、安田自身こう述べたという。

「六年前のナルサ結成以来大分回り道をしてきたなーという感じであった。ジャスコの岡田卓也さんという、若い才能のある経営者のもとに一体化することができて、今では本当によかった、と考えている」と（吉田・一九八五）。

そして、ジャスコとの合併の本意についても次のように述べる。

「裸一貫でここまできたことには来たが、大きな資本の壁があることを以前から痛感していたからだ。私は、株の売買とか、投機とかというものをやったことはないが、株にしても、大きな資本があれば、失敗しないものである。それを小さな資本でやるから、もう少し持ちこたえればいいところを、持ち切れなかったり、無理したりするから失敗するのだ、という話を聞いたことがある。経営にしても同じことで、資本力がないから小出しに増築もやらなくてはならないし、必要なものや土地や建物の手当てが出来ない、ということがある。しかも、企業規模が大きくなり、社員の数も多くなると、常に社員の生活のことを考えていなくてはならない。そうした点からジャスコへの合併に踏み切ったわけだが、晴れ晴れした気持である」と（吉田・一九八五）。

ジャスコとの合併が自分の求めてきた道であることを述べると共に、会社経営の安定のためにも、また会社で働く社員のためにも、規模拡大が重要だという考えが合併に踏み切らせた理由ということになる。

そして、安田がジャスコを合併相手として選んだ背景には、経営者同士、旧知の仲であったことが大きかった。昭和二十年代にできた「日本有名衣料店会」では、東の代表が扇屋で、西の代表がフタギだったこと。また、岡田屋とも二十年の付き合いの歴史があり、社員の交換留学を試みたことなどがあった（吉田・一九八五）。現に、先に述べたナルサ結成時にも安田は岡田に相談している。この時は岡田によると、ジャスコはまだ誕生したばかりでその相談に乗ることができなかったということだった（岡田・二〇一二）。

さて、こうして合併へと進んだジャスコと扇屋だが、その合併比率は一対一であった。安田栄司をはじめとする扇屋経営陣のジャスコでの処遇については、安田の立場や思いをできるかぎり受け入れる気持ちから、卓也は複数案を提示した。その提案に対して、扇屋側が受けたのは、取締役会長に安田栄司が就任し、安田敬一と安田博亮の二人の息子兄弟が取締役に就任するという案だった。

まず、一九七六年三月に地域法人「扇屋ジャスコ」が設立された。同社の取締役会長に岡田卓也、取締役社長には安田博亮が就いた。資本金一億円、店舗数二二店、従業員一〇〇九名の大所帯での出発となった。

そして、同年八月、ジャスコと扇屋は正式に合併し、先の案の通り、安田栄司会長は第二代ジャスコ会長に、安田敬一社長はジャスコ取締役に、安田博亮はジャスコ取締役兼扇屋ジャスコ社長に、それぞれ就いたのである。

ジャスコ側としても大きい実りが期待される合併だった。社史には、こう述べられている。

「扇屋との合併はジャスコの歴史にとって最大級の出来事のひとつである。すなわちジャスコの宿願であった関東進出の基盤として、企業規模、歴史と信用、人材、どれをとってもこれ以上望めない理想的な企業合併だったということが一点。もう一点は扇屋の合併を機に「連邦制経営」という概念が花開いていくことになった点である。」（ジャスコ・二〇〇〇）

扇屋との合併で関東圏での業績の伸長が期待されるだけでなく、地域ジャスコ方式のひとつの到達点としても位置づけられている。提唱してきた「連邦制経営」の理念はたんなる夢や理想でなく、現実に有力な戦略として通用することを証拠立てるものでもあった。

3　伊勢甚と綿引敬之輔

扇屋との合併に続いて、翌年一九七七年にジャスコは茨城県最大の小売業の伊勢甚グループと合併する。両社との合併は、ジャスコ社内では、「第四次合併」と呼ばれている。伊勢甚グループは、伊勢甚百貨店を中心に、百貨店二店、「ジンマート」の名でSMを三八店、食品専門店「味の街」を五店舗を展開していた。売上高五二〇億円を誇る北関東最大の小売業者だった。

伊勢甚は、元は水戸藩の御用商人で創業三五〇年の伝統を誇る商家だった。戦後、九代目にあたる綿引敬之輔（一九二一～一九九一）が、土地だけが残っていた水戸市泉町に店舗を建てて再興したものである。その店舗も火災に遭って消失するという災厄もあったが、苦労の末、綿引は一代で同社を北関東一の小売会社に育て上げた。[2)]

伊勢甚がジャスコと合併した理由は、扇屋との縁が深かったからと言われている。綿引はかつて扇屋で見習いをしたことがあって、扇屋の安田栄司からなにかと教えを受けていたという（吉田・一九八五）。また、岡田屋とも二五年来の知り合いで、互いに二〇〇年以上の歴史を誇る呉服屋という点で共通するものがあった。

綿引自身は、このジャスコとの合併についてこう語っている。

「企業の一番いいときに結婚（合併）させるのは、かわいい盛りの娘を嫁に出すのと同じです。そこまで読んでやるのが経営者の務めだと思う。今現在、経営上の不安はない。しかし三年先、五年先を考えたとき同族経営の地方スーパーには必ず限界がくる。」

（ジャスコ・二〇〇〇）

同族経営のローカルチェーンの将来を見越しての前向きの合併ということになる。

ただ、周囲に賛成する人は少なかったようで、「一九七六年の提携時点ですでに合併を視野にいれていた綿引社長は、実兄はじめ同族の反対を説得し、企業人として自らの信念を貫き通した」と、ジャスコ社史には書かれている。

一九七七年、伊勢甚は、百貨店部門の地域法人「伊勢甚」を設立し、もう一つのジンマートはＳＭ部門の地域法人「伊勢甚チェーン」を設立した。そして、ジャスコは、それら伊勢甚百貨店、日立伊勢甚、ジンマート、味の街のグループ四社と合併した（前掲書）。

名前は、「株式会社伊勢甚」。これまで進めてきた「地域ジャスコ」と変わりはないのだが、由緒ある名前の「伊勢甚」を残した。

株式会社伊勢甚の代表取締役会長には岡田卓也が、そして代表取締役社長には梶田千速が就いた。伊勢甚チェーンも同様に、会長は岡田卓也、社長には梶田千速が就任した。百貨店は二店舗、チェーンは三八店舗でスタートした。従業員はそれぞれ、七五九名と一一八一名だった。

合併に伴い、綿引はジャスコ東京本社営業担当副社長に就任し、八〇年までその役を務めた。合併翌年の七八年二月期には、伊勢甚の営業収益は一三八億円、伊勢甚チェーンは同じく二五二億円を計上した。

地域ジャスコの事例の最後に、第三次合併において合併した東北のかくだい食品と九州の福岡大丸の二つのケースをとりあげる。両社は扇屋や伊勢甚ほどの規模の会社ではない。が、そうした小規模チェーン相手にもジャスコの合併への姿勢は変わらない。

4　かくだい食品と近野兼史

「かくだい食品」は山形市で誕生し成長したＳＭである。一九六九年、東北六社とジャスコとの提携というかたちでスタートした。ジャスコにとっても、同社を含めた提携は最初の試みであった。しかし、先に述べたように、その提携はそれ以上進まず、一九七二年にそのうちの一社であったかくだい食品だけがジャスコと合併することになる。

かくだい食品は、近野兼史（一九二四～二〇一九）が一九五七年に山形市に夫婦二人で開業した店である。「『かくだい』は十万市民の台所」、「『かくだい』が結ぶ産地と台所」、「『かくだい』があって家計簿息をつき」、「『かくだい』の良くてうまくて安い品」などの標語を店に掲げた。近野は、とりわけ「商人の道」にこだわり。商人倫理を強く意識していた。彼は、次のように語る。

「一人のお客様の喜びのために誠実を尽くし、一人のお客様の生活を守るために利害を忘れる。そして、その人間としての美しさを小売店経営の姿にしたい。お客様との間にそういう親愛の流れを作る事が、小売店経営での一番大事な仕事であると信じてきました。その日その日の経営の苦しさに耐え、わずかな利潤でお客様の望みを叶えてあげ、わが生涯を一商人として惜しみなく使いきれるのは、たった一つ『お客様の為に私はある』との自覚と誇りからで、商人としての生きがいを持ったのです。」（近野兼史・二〇二三）。

近野のこうした思いは、商売を始めた時から備わっていたようだが、さらに喜多村実との出会いを通じて育まれていったという。

喜多村実は、「公開経営運動」のリーダーとして、小売業の経営データを公開し、適正な利潤と納税を実現しようとする青色申告制度の生みの親となった人物である。「心の経営」を提唱し、人づくりの経営、人間尊重の経営を掲げた。「人間一人一人の持つ考える能力や持ち味を生かし、相互信頼と協力により総合力を発揮しようとする経営」を唱え、「公開経営指導協会」を創設して理事長を長く務めながら、その思想の普及に努めた[3]。

近野がジャスコの呼びかけに反応したのは、ローカルチェーンの良さを理解していたもののその限界も認識していたからだ。次のように述べている。

「確かにローカルチェーンとしての良さはある。かくだいは、『米沢十万市民の台所』を信条にお客さまから愛され叱られながら成長してきた。しかしこのままローカルチェーンで一生を過ごすかどうかは別問題であり、より多くのより広い地域の消費者に奉仕したいというのは経営者として当然の気持ちです。東北ジャスコチェーン設立以前にはどちらかと言えば主観的な尺度しかもっていなかった。しかしこの業界は流動的で変化も激しい。ジャスコとの提携は客観的な見方をできる大きな転機となった。さらに一歩進めて合併することにより、財務、教育、商品開発などローカルチェーンのもつ限界を超えたいと思ったのです。

（ジャスコ・二〇〇〇）

ローカルチェーンでの生き残りは難しい。チェーンとしてより大きい規模やしっかりしたインフラが必要だという考えは、扇屋の安田や伊勢甚の綿引の考えと変わらない。いずれの商人も、店を自分のものと考えず社会的公器として考えているからこそ、店の将来に向けた存続を心配する。そして、それに応えるために今、何をしなければならないかを考えている。

近野は、合併後は安田や綿引たちと同様、ジャスコの取締役に就き、一九七三年から八四年まで一二年間、ジャスコの取締役の役目を果たす。

5　福岡大丸と阿河勝

もう一つは、「福岡大丸」のケース。福岡大丸は、一九七〇年にジャスコと商品交流を中心とする業務提携を結んだ。

同社は、扇屋や伊勢甚と同じ衣料品スーパーである。合併当時、福岡地区に一八店舗を保有し、年商は二二億円。会社規模も店舗規模も全国チェーンと比べれば小さかったし、先の扇屋や伊勢甚のように小売業で名の通った会社というわけでもなかった。だが、岡田卓也は、同社社長の阿河勝《あが》がアメリカの小売業視察もして小売業に取り組む意欲は高いと高く評価する。阿河自身は、海外の小売企業も進出してくる可能性なども考えると、競争はいよいよ厳しくなり、小売業として生き延びるのは難しい、と悲観的な見方をしていたそうだ（岡田・一九八三）。

阿河は、ジャスコとの合併に際して福岡大丸の全社員に向けて、次のように述べたという。

「独立独歩の精神も必要でしょう。しかしながら企業は少数の人達のものではありません。われわれが決して忘れてならないことは『店はお客さまのためにある』という思想です。また社員の皆様の福祉増進のためには、経営の近代化、合理化が不可欠です。この合併が福岡大丸全社員の皆様の期待に添えるものと確信し意思決定しました。」と。

（ジャスコ・二〇〇〇）

ここでも、「店はお客さまのためにある」という経営者として「公」への志向が述べられている。そして「社員の福祉増進のための経営近代化を目指す」ことは、読者にはジャスコがその誕生時から志向してきたところのものと共通することがわかる。

阿河は合併後、自社社員がジャスコの大組織になじむかどうかにも気を遣った。というのは、福岡大丸ではジャスコのように従業員を教育研修してきたわけではなかったからだ。だが、合併したかぎりは、合併した会社の社員たちと条件は同じで、ジャスコの社員同様に資格試験を受けることになる。その人事制度は、途中入社の社員を含めてだれであろうと客観的な人事評価を下して、人事における不公平をなくそうという小嶋千鶴子が創り上げたジャスコ流のやり方だ。福岡大丸の阿河は、自社の社員については、その試験を受けることを延期してほしい旨、申し出た。

「人事の公平ということからいって、その資格試験はいい方法だと思いますが、……、いま試験されたら、全員みじめな結果になることは目に見えています。大手の仲間入りをしたという自覚の下に、これから社員教育に力を入れ、自ら勉強するように指導したいと思いますので、どうか三年待って頂きたい」と（岡田・一九八三）。

ジャスコは、阿河のその申し出を受け、福岡大丸の社員たちの資格試験の実施を延期した。福岡大丸との合併におけるこうしたエピソードを知ると、阿河は自身の社員への思いや社内事情を隠さずジャスコ側に伝える一方で、ジャスコ側も相手に対して細かい配慮を働かせていたことがわかる。阿河自身も合併後一〇年間にわたり、ジャスコ本社の取締役の任を担った。

「お互いが胸を開いて、いわば、心と心との合併をしなくてはならない」といった二木一一の思い、そして「人と人の合併がなければ合併の成果は現れない」といった卓也の思いの現れはこんなところにも見ることができる[4)]。

以上、地域ジャスコの設立の経緯・概要を示すとともに、地域ジャスコ設立の思いを表す象徴的な四つの合併事例を紹介した。扇屋や伊勢甚のような大規模有名会社相手にも、またかくだい食品や福岡大丸のようなローカルな会社相手にも、ジャスコは、合併相手の思いに寄り添い丁寧に応対していることがわかるだろう。

6　おわりに

地域ジャスコ制度は、ジャスコが標榜する連邦制経営の核心に位置する法人制度であり戦略である。本章では、地域ジャスコの設立の経緯や特徴を示した。当時、そごうやダイエーが日本中で店舗のチェーン化を進めていたが、それらのやり方と比較するかたちでジャスコのやり方を特徴づけた。

その比較分析を通じて、被合併会社がそれなりの自律性をもった一地域事業部として位置づけされる体制であることもわかった。その体制とは、仕入れ・情報システム・人事・製品開発などの店舗を横断するインフラ部門のマネジメントは本社中心で、他方、各店舗での営業はこれまでどおり被合併会社の経営者が責任をもつという体制である。本社から提供されるインフラ部分のサービスについては、間接費のかたちで本社に納められる。

続いて、そうした方式を受け入れて合併した代表的な四つの合併事例を紹介した。それらの事例からは、ジャスコが合併相手の思いに寄り添い丁寧に応対していることや、合併相手各社も納得して合併を決めている様子がわかるだろう。少なくとも、誕生当初のシロのケースがそうであったような各社働き手の側からの不満や表立った軋《きし》みも出ていない。「心と心の合併」の精神が生きていると言ってよいだろう。

岡田卓也がいみじくも言ったように、ジャスコが求めた合併とは、「買収とは性格が根本的に違う」ものなのだ。それこそがジャスコが唱えた「連邦制経営」の理念の本旨なのである。

注

1) そごうを率いた水島廣雄社長は法学博士で、その博士論文は「浮動担保の研究」だった。その理論の応用がそごうの「会社を担保にする」ということの実践であったと言われている（産経新聞取材班・二〇〇二）。

2) 零細小売商としてスタートし、地域の繁盛店となった後、チェーン化を進め、そして他社との連携に向かうという発展の経緯をたどった商人は、ジャスコに参集した二木や安田や綿引といった商人たちだけではない。本書では取り上げることはできなかったが、イズミヤ創業者の和田源三郎やニチイ創業者の西端行雄なども同じように苦労してチェーン化に成功している（西端・一九九四、伊貝・二〇二〇）。

3) 喜多村のこの運動は、当時SMをいち早く開発していた生協による小売近代化に対する対抗軸ともなっていったが、その事情については石井（二〇一七a）で触れている。

4) ジャスコは合併において人を大事にしている。この後、ヤオハンやマイカルとも合併するが、その際、人員整理はしていない。ヤオハンの場合は、海外店舗が主力で海外から引き上げてくる人も多かったが、すべて受け入れたという（岡田卓也インタビュー・二〇一三）。

第7章

大黒柱に車をつけよ！

前章ではジャスコの地域法人づくりを取り上げた。そこでも述べたように、ジャスコの営業戦略のもうひとつの特徴は、積極的な店舗改廃戦略にある。本章ではそれを見ていく。

この店舗改廃戦略については、ジャスコは誕生時から喫緊の課題としている。少し話を戻すことになるが、ジャスコが誕生して後、各地で大いに新店開業が進んだのだが、まずその辺りの事情に少し触れておくことにする。

1　ジャスコの店舗出店コストの低減策

ジャスコ誕生時、合併会社併せて七二の店舗であったが、四年後の一九七四年二月期の決算発表時点には一四〇店舗と倍近くにまで増えた。営業地域も、二府五県から二府一七県と大きく広がった。急激な出店攻勢が見られたわけだが、そこには出店コストを下げる二つの工夫があった。

①　リース方式の採用

その工夫の第一は、出店においてリース方式を採用したことだ。前章でも述べたように、この方式の採用は、その後のジャスコの発展に関わる重要な判断であった。

合併前の三社はいずれも、自身で取得した用地に出店するケースがほとんどだった。そのことが、当時の地価上昇傾向と相まって、それぞれの会社の担保力増強につながり、出店能力をアップさせた。他方、その方式では、出店数が増えると土地や建物に資本が固定するため、資金面での回転が悪化するという問題があった。その問題を避けるべく、ジャスコは、出店に際しての土地建物の取得をリース方式に切り替えた。それは次のような方式だ（ジャスコ・二〇〇〇）。

(1) ジャスコは、土地建物を土地オーナーから借りる。
(2) 建物は、ジャスコの仕様に基づきオーナーが建設する。
(3) 建設費相当額をジャスコがオーナーに貸し付ける（差入保証金）。
(4) その差入保証金（二〇〜三〇％は敷金、八十〜七十％が保証金）は一〇年間無利息据え置きで、一一年目から一〇年間で年賦返済を受ける。
(5) ジャスコからの出費は、差入保証金（貸借対照表上では投資その他の資産）と家賃とする。

リース方式では、土地建物は所有者から賃貸する。ジャスコにとっては、建設費相当額の「差入保証金」は投資となり固定化されるが、それも一一年目から順次返済を受ける。この方式だと、土地建物の購入に伴う資金の長期の固定化を避けることができ、出店数が増えても資金面で余裕が生まれる。

② 店舗開発バリエーションの抑制

第二の工夫として、ジャスコは「店舗開発オプション」を設定したことだ。開発店舗タイプを限定した。七三年に3つの開発オプションが発表された。

(1)「アンカーストア」タイプ。商圏人口三〇万人を想定した地方拠点都市中心部に立地するタイプの店舗。これはタイプの中でもっとも大規模な店舗で、売場面積一万㎡から一万五〇〇〇㎡規模になる。ジャスコで言うと、四日市、姫路、川西、伊勢、呉、秋田、大分、仙台の各店が該当する。

(2)「郊外型ショッピングセンター」タイプ。大都市または中都市の郊外ないしは人口急増地帯への対応店舗。商圏人口十万人を想定し売場面積八〇〇〇㎡から一万二〇〇〇㎡のサイズの店舗だ。先に述べたように、ダイヤモンドシティやダイヤモンドファミリーが開発した東住吉SCや藤井寺SC、奈良ファミリーなどがこれにあたる。

(3)「ファミリーニーズ・ショッピングセンター」タイプ。これは地方都市の郊外に三〇〇〇㎡から五〇〇〇㎡の比較的小さい規模の店舗で、衣食住フルライン構成を図るタイプ（ジャスコ・二〇〇〇）。

開発すべき店舗のタイプバリエーションを抑えることで、2つの効果が期待できる。

そのひとつは、店舗タイプが限定されることで、新店舗建築に関わる諸コストを低減できる。店舗建築を、標準化された企画設計や資材で済ませることができればその分、企画設計や建築コストは節約できる。

もうひとつの効果は、営業上の規模の利益が生まれることだ。そもそもの話だが、小売業における規模の利益には二つのタイプがある。一つは仕入における規模の利益、もう一つは営業上の（複数店舗運営上の）規模の利益だ。前者は、売場面積を増やし販売量を増やし、そして仕入量での規模の利益を得ることが必要だ。後者の場合は、店舗での業務を標準化して生まれる経済性である。そのためには、店舗開発オプションを絞ることは不可避である。

以上の出店コスト低減策がジャスコの積極的出店を支えたのである。

2　店舗改廃戦略を促した社会変動

積極的出店に加え、ジャスコの店舗開発のもうひとつの柱は店舗改廃にあった。店舗改廃問題は、ジャスコ設立当初から抱えていた課題である。というのは、合併に乗らないかと声をかけられた西川屋の西川義雄社長がその問題を指摘していた。つまり、新会社には小さい店舗が多いという問題だ。その克服がジャスコの営業戦略上の喫緊の課題になった。

問題の西川社長の意見に対して卓也は、「現在の店舗はすべて一〇年以内にスクラップするか大きい店に建て替えるか、あるいは業態を変えなければならない。今現在規模の大小は大した問題ではない」と答えたという（岡田・二〇一三）。

その答えは残念ながら西川社長を納得させるものではなかったようで、西川屋との合併案は実現しなかった。しかし、ジャスコにおいては卓也のその言葉通りに店舗の改廃や業態変更の実現に向けて努力が傾注された。

ジャスコ設立当初から卓也は、店舗改廃の大切さを強調した。彼は、ジャスコの営業部長に就任した人に対しては常に、

「事業部長の仕事は不振店をスクラップすることから始まる。まず、スクラップする店の候補を挙げよ。会社の業績が〝売上〟という時代は終わった。(略)。スクラップを逡巡していると企業の命取りになる。」

(ジャスコ・二〇〇〇)

と語ったという。

さて、店舗改廃戦略の話に入る前に、どうして卓也が改廃を喫緊の課題としたかを問うておかなくてはならない。西川社長が店舗の小規模さを心配し、卓也もそれを認めていたわけだが、どうしてそれが問題なのか、である。

その理由は、それまでに開業していた多くの店舗がすでに陳腐化していたことにある。それを促した要因ははっきりしていた。ひとつは日本社会における消費・購買スタイルの変化、もうひとつはそれに伴う競合の質の変化である。この二つの要因が相まって、この頃、既存店舗

の急速な陳腐化が進んだのである（田村・一九八二）。

こうした大きい環境変化に対して、各社がその課題にどう対応したのかによって、業界における いわば勝ち組と負け組に分かれることにつながっていった。そうした業界の激動を導いた環境変化について簡単に見ていこう。

① 新しい消費・購買スタイルの誕生

店舗改廃の対象となった店舗の典型は、下町の多層階でかつ単独立地の店舗である。すでに述べたように、わが国でSMが誕生したのは、流通革命の始まりである一九五〇年代後半のことだ。だが、それは、振り返ってみると革命の第一波にすぎなかった。それから十年も経たず六〇年代に入ると、第二波を引き起こす社会的変化が起こっていた。それは、新しい消費・購買スタイルの誕生だ。

流通革命第一波は、供給側の小売技術の革新に先導されたものだった。セルフサービスやチェーン経営、プリパッケージなどを主たる要素とする新業態SMの誕生がスタートになる。第二波は、第一波とは対照的に需要側の「消費スタイルの変化」が先導した。それを生み出したのは、日本社会における田舎から都市への人口移動とモータリゼーション、そしてベビーブーマー世代の登場である。

❖都会への人口移動とモータリゼーション

消費スタイルの変化の第一は、都心郊外への人口移動によってもたらされた。一九五〇年代から一九六〇年代にかけての日本の高度経済成長期に、地方から東京・名古屋・大阪の三大都市圏への急激な人口移動が生じた[1)]。

地方から大都市圏への人口移動に対応して、大都市郊外に大規模住宅団地が開発された。そこでは公共交通インフラが不十分だったこともあり、自家用車は彼らにとって通勤・買い物等日常生活における必需品となっていった。公共交通機関が貧弱と言えば、地方もそうである。そんな事情のなかで、都市においても田舎においてもモータリゼーションが爆発的に進展した。

わが国の『主要国自動車統計』によれば、一九六〇年には一六万五〇〇〇台だったわが国の乗用車生産台数は、六九年には二六一万台に一気に拡大した。また、乗用車保有台数も、六〇年の四四万台が七〇年には六七七万台に伸長した。十年で十倍を超える増加ぶりである。

住民の生活に自動車が入り家庭の買い物スタイルも大きく変わった。それまでの買い物スタイルは、①買い物は主婦が担当し、②その買い物の頻度はほぼ毎日で、③買い物場所は五〇〇メートル圏内、というものだった。そんな習慣が昔から続いてきたのだが、自家用車を利用した買い物が可能になって事態は一変した。一回当たりの買物量は大幅に増え、一度に複数商品を購入するワンストップショッピングへの志向が生まれてきたのである。

❖ベビーブーマーの登場

もう一つ、いわゆる「ベビーブーマー」の社会への登場という変化も大きかった。戦後生まれ、とくに一九四七年生まれから五二年生まれまでの世代人口は、それまでの各世代人口のほぼ倍であった。その世代が、六〇年代後半くらいから社会で仕事をもち、また家庭をもちして、社会の第一線に立った。

世代人口の多さに加え、それまでの世代にない旺盛な消費意欲もあった。それまでの伝統的な生活とは一線を画す「消費は美徳」という考えも生まれていた。「家事は主婦の仕事」という伝統的規範も薄れた。買い物は、主婦の役目から家族団らんの活動に変わった。それまでになかった新しい消費・購買スタイルが生まれ、そうした新しい生活スタイルを享受する層は「ニューファミリー」と呼ばれた。

六〇年代後半頃から、それらニューファミリーの関心を引きつけることが消費財メーカーや小売各社のマーケティングの焦点になった。ファッションブランドやラグジュアリーブランド、あるいは私たちに身近な食品や日用品ブランドが次々に誕生したのはこの頃である（石井・二〇二二）[2]。

さて、そうした新しい消費・購買スタイルに対して、一九五〇年代後半から六〇年代にかけて開業したSM店では対応は難しかった。というのは、この第一世代SM店は、「専業主婦が徒歩で毎日店に買い物に来ること」を想定して作られた店舗だったからだ。

業界をリードしたダイエーでも、その一号店は五七年に大阪市旭区の千林《せんばやし》商店街で誕生している。千林商店街はその当時大阪でも有数の商店街で、店は京阪電車千林駅前で商店街の入り口のところにあった。さらに、二号店も三号店も、JR三宮駅の近くにあって徒歩での来店が想定されていた。いち早くSMのチェーン展開に踏み出したダイエーだが、当初の店舗ではクルマでの来店客はまったく想定されてはいなかったのである。

このように、人口移動と新しい世代の登場に伴う新しい消費者スタイルの出現は、SM業界各社のそれまでの競争優位の条件を根本的に変えてしまうことになった。

② 競合の質の変化

以上の環境変化に加えてもうひとつ、各社自らがつくり出した変化が起きていた。

SM業態の誕生以来、それこそ各社による集中豪雨的出店が続いた。当初の競争相手は伝統の商店街や小売市場《こうりいちば》であったが、各社の出店地点が重なるようになり、ライバルは他社の同業態のSM店に変わっていった。同一業態店舗間同士の競争となると、それまで既存の零細小売商を打ち負かしてきたようには簡単には相手を打ち負かすことはできず、互いに血で血を争うような競争になる。当時、私が住んでいた大阪府郊外の北摂《ほくせつ》地区にそうした典型的な競争の事例を見ることができる。

❖競争の変容・大阪府北摂地区のケース

先の章にその名が出ていた「シロ」が、高槻市に店を構えたのが一九六三年。阪急高槻市駅北側に、駅から歩いて一分もかからない繁華街のなかにあった。鉄筋四階建、売場面積一八一五㎡、テナント用のリース面積一九八㎡の店舗だった。多層階の店舗と言えば都心の百貨店しかなかった当時、それだけでも地元民を驚かせるに十分だったのだが、ＳＭという安売りの店舗がやってきたということで、北摂一帯から買物客が集まった。

衣料品や日用雑貨品や加工食品等、それまでにはないような広い売場で、商品を自分で選んで購入できるという購買スタイルも消費者に受けた。大阪のベッドタウンとして、その当時成長し始めていた高槻市の最大店舗として、同店はシロのなかで川西店と並ぶ稼ぎ頭となった。

「シロ」は、二年後の六五年に高槻市の隣の茨木市の阪急電車茨木市駅近くにも開店した。三階建て、売場面積二一一二㎡、テナント用リース面積一一五五㎡と、さらに規模を拡大した店舗だった。この店舗にはエスカレーターも設置された。テナント用フロアも大幅に拡大し、数多くのテナントが入店した。それにより商業施設としての魅力も高まったが、加えてテナントの大量入店はシロの店舗開発の初期コスト負担を軽くするメリットもあった。

さらにシロは、翌六六年に茨木市の淀川対岸の寝屋川市にも出店した。寝屋川店の敷地は二三〇〇㎡で売場面積二一四五㎡。その内、テナント分が一四八五㎡だった。六六〇㎡の駐車場も備わっていた。駅前立地で駐車場がなかった高槻店や茨木店に比べて、ここにきて大きい駐車場が準備された。数十台分の駐車スペースだが、当時としては比類のないものだった。

こうしてシロは、出店するごとに新しい工夫を重ね、京阪間の市場を開拓していった。そのシロの市場圏にダイエーが参入した。

ダイエーは、「シロ寝屋川店」の出店二年後の六八年に寝屋川駅の近く（京阪電車でいうと一駅、京都寄り）の枚方市香里に、日本初と言われるショッピングセンター（以下、SCと略）「香里ショッパーズプラザ」を開店した。そこは、敷地一万一五〇〇㎡に四階建てのビルであった。それとは別に二階建ての専門店棟もつくられた。銀行や証券会社もテナントとして入店した。専門店は五〇を超えた。四〇〇台が駐車可能な駐車場も設置された。

それまでのダイエーの店舗とは異なり、この新店舗は駅から離れていた。出店当時、店の周りは田んぼだらけで、香里店の初代店長が「こんなところで大丈夫かな」と心配したくらいのところだったという（ダイエー・一九九二）。当時としては日本最大規模で、日本初の本格的SCだった。もちろんのこと、その狙いは車で買い物に来る客にあった。

先発出店していたシロ寝屋川店は、それまでにない大規模店であったが、ダイエーのこの新店舗に比べると、敷地面積は五分の一ほどしかなかった。結果的に、ダイエーのこのSCに、いわばひねり潰されてしまうことになったのである（大友・二〇〇七）。

力をもったダイエーは、同月同日のこの時、ダイエーは香里の淀川を挟んだ対岸の茨木市にも同種のSCを開店していた。さらに七一年には、高槻市の阪急高槻市駅前に近くに「高槻ショッパーズプラザ」を開店した。売場面積は一三〇七㎡、専門店群のそれは七二〇八㎡だった。

高槻市市史によればその開店日には二〇万人の人が集まったという。阪急高槻駅の南口から一七一号線に抜ける道はもともと閑静な住宅街だったが、ダイエー出店をきっかけに繁華街へと大きく変わっていった。町の様相も変えてしまうほどに大きい影響力があったわけである。

注目したいのは、シロの既存店を狙いすましたようなダイエーの出店ぶりである。しかし、このケースは特別なケースではない。ＳＭ各店およびチェーン各社間での、こうした新たな競争が各地で勃発した。「先発者利益を確保するために、一番手として出店する競争」から、「同一地域で同一タイプの店舗の出店者同士で競争優位を争う競争」へと、競争の様相は変わっていった。六〇年代後半のことである。

同時に、店舗の姿も大きく変わる。車で立ち寄りやすい郊外立地、何百台も駐車できる大規模駐車場、ワンストップショッピングを可能にする大規模な売場構成・テナント構成をもった「総合スーパー」と呼ばれるタイプの店舗が次々に登場し始めたのである。

この結果、その市場に一番手として先発した店舗は一番手の優位を享受する間もなく陳腐化し、店舗を改廃するかどうかの決断が迫られたのである。

以上、新しい消費・購買スタイルの誕生と競合の質の変化という二つの大きい環境変化により、既存店舗の統廃合が喫緊の課題となった事情がわかるだろう。それは、急成長化にあった

SM各社に対して大きい戦略転換とそのための投資を促すものであった。

3　ジャスコにおける店舗改廃戦略

さて、店舗改廃が喫緊の課題となっている事情が見えてきたところで、ジャスコの改廃戦略の話に入ろう。新生ジャスコは、この状況変化への対応に躊躇しなかった。抱えていた多くの店舗について積極的な店舗改廃を試みたのだ。

❖ジャスコの店舗改廃戦略

ジャスコ誕生時の第一次合併に関与した岡田屋、オカダヤチェーン、カワムラ、フタギ、湊川スーパー、シロ、マルサ、浦柴屋、菰野主婦の店の九社は、七二の店舗を抱えていた。それらの店舗のほとんどにおいて店舗の改廃が試みられた。その状況を**図表8**に示しておこう。

ジャスコ発足当時の総店舗数七二店舗のうち三二店舗が閉店し、二六店舗が改廃された。そして三店舗が業態変更となった。

そのなかで、目立つのはオカダヤチェーンとフタギである。オカダヤチェーンの場合、総店舗数一七店舗の総店舗数のうち八店舗が閉店、九店舗がスクラップ&ビルドされた。他方、フタギの場合は、二六の総店舗のうち一六店舗が閉店、八店舗がスクラップ&ビルドされた。さらに言うと、その進展のスピードも速く、合併後わずか三年のうちに、「フタギの小規模店を中心に一五店が閉鎖され、九店がスクラップ&ビルドされた」というスピードであった（ジャスコ・二〇〇〇）。

それ以外の合併各社の各店も、事情は似たようなもので、社史のなかでは、当初は一〇年計画で店舗改廃を実施する予定だったようだが、さらに速いスピードで改廃は進んだと述べられている。

❖合併会社の諸店舗においても継続する改廃戦略

七二年の「やまてや」から七七年の「いとはん」までの五年間にジャスコと合併した会社は十社。あらためて記せば、「やまてや」「かくだい食品」「マルイチ」「福岡大丸」「三和商事」「扇屋」「伊勢甚百貨店」「日立伊勢甚」「ジンマート」「いとはん」である。それら一〇社についても店舗改廃は進んだ。ジャスコ社史で一表にまとめられているので示しておこう（図表9）。

〔図表8〕ジャスコ発足時店舗の改廃状況

	当初店舗数	閉店	スクラップ&ビルド	業態変更
岡田屋	6店	2店	2店	0店
オカダヤチェーン	17	8	9	0
カワムラ	1	1	0	0
フタギ	26	16	8	1
湊川スーパー	1	1	0	0
シロ	15	3	4	2
マルサ	3	0	3	0
浦柴屋	1	0	1	0
菰野主婦の店	2	1	1	0
合計	72店	32店	28店	3店

ジャスコ（2000）168頁より引用

〔図表9〕ジャスコ被合併会社の改廃状況

	合併年月	当初店舗数	閉店	スクラップ&ビルド	業態変更
やまてや	1972年8月	5店	3店	2店	0店
かくだい食品	1973年2月	9	6	3	0
マルイチ	1973年2月	9	7	2	0
福岡大丸	1973年2月	18	18	0	0
三和商事	1973年2月	4	4	0	0
扇屋	1976年8月	22	21	0	1
伊勢甚百貨店	1977年8月	1	0	0	1
日立伊勢甚	1977年8月	1	0	1	1
ジンマート	1977年8月	38	33(4)	3	0
いとはん	1977年8月	21	16(2)	2	1
合計		129店	108(6)店	13店	4店

ジャスコ（2000）、表1-2、169頁より引用。
＊（表内の（　）内の数字は店舗譲渡数）
＊合計数が合わないのは改廃に重なりがあるため。

合併会社一〇社の当初店舗数は合計するとー二九店舗である。驚くべきことに、そのうちの一〇八店が閉店になっている。

たとえば、扇屋を取り上げると、合併と同時に、「扇屋ジャスコ」の各店舗の改廃が進んだ。鎌が谷、稲毛、松戸ホームセンター、五井、津田沼、佐原、北習志野、三鷹、大宮、柏、小岩、天台の一二店は合併後まもなく閉鎖された。それらの売場面積は合わせると一万五一七三㎡だが、合併前の扇屋は二二店で売場面積合計は四万二九九㎡だったので、店舗数で言うと五五％、売場面積で言うと三八％が閉鎖により消滅したことになる。そうした取組みは、「文字通りの大切開手術であった」

と言われている（吉田・一九八五）。

他方で、扇屋ジャスコは新店舗を次々開業した。合併翌年の七七年には稲毛、七八年には茂原／東金、七九年には高根木戸、八〇年には天台、八一年には成田、八二年に旭／木更津、八四年に臼井／マリンピアと続いた（吉田・一九八五）。合併二〇周年の一九九五年までに、扇屋のほとんどすべての店舗が改廃され、新店に置き換えられたことになる。

また、伊勢甚についても、扇屋同様、店舗の改廃が進められた。伊勢甚チェーン（ジンマート）の全三八店舗のうち、閉店した店舗は、一九八九年までに三二店舗にのぼった。そのうち、合併後三年以内に閉店した店舗は八店、五年以内では一四店舗になる。

これらの事例からもわかるように、ジャスコは、既存店舗だけでなく合併した諸々の会社の店舗についても同じように厳しい目配りをし、計画的な改廃を試みていったのである。

逆に言うと、ジャスコの既存店舗も合併店舗も六〇年代前後に開設した店舗群であり、七〇年代以降の競争には耐えられるものではなかったということがわかる。流通革命当初に華々しくデビューしたSM店であったが、一〇年そこそこで店舗は陳腐化し、改廃を余儀なくされる状況に陥っていたのである。

4 おわりに

業界を取り巻く劇的とも言える環境変化が起こり、店舗改廃戦略が余儀なくされた。ジャスコはその変化に応えて積極果敢に店舗改廃を試みた。最後にこの戦略に関して印象に残った点を三点、指摘して終わろう。

第一は、この時期、もしジャスコの新経営陣が積極果敢な店舗改廃を試みなければ、さらにはその前にローカルな小売チェーン同士の提携や合併や経営統合が行われなければ、ジャスコに糾合したそれら店舗群はすべて、当時の環境の劇的変化と厳しい競合のなかに呑み込まれていただろうということである。そう考えると、被合併会社の店舗群を陳腐化の大波から救ったという意味で、ジャスコの登場はまさに時代の要請に応えるものであったと言える。

第二に、岡田屋以来の伝統である〝店の大黒柱に車をつけよ〟の家訓が、そうした戦略を後押しする役目を果たしたことである。実際、卓也は社長を退いてから、こう述べている。

「私はこの家訓（「大黒柱に車をつけよ」～筆者注）に従って店舗のスクラップ&ビルドを推進した。ジャスコの社長在任中の一四年間に一八〇店を閉め、ほぼ同数を規模を大きくして開店させた」と。

（岡田・二〇一二）

会社はジャスコに変わっても、岡田屋の家訓は意味をもち続けたわけである。

その当時、ジャスコのいくつかのライバル各社は、自身の成長の源泉となった既存店舗にこだわってしまい、店舗改廃への対応が遅れ気味であった。それが理由で競争に後れを取ってしまった会社もある。そのことを思うと、ジャスコのこの店舗改廃の取組みは際立っている。家訓がその判断の後押しをしたとすれば、家訓の値打ちは大変大きかったと言えるだろう。

一〇〇年前の家訓は、いかにも時代遅れで古臭く見える。だが、家訓は、現実を相対化する視点やみずからを律するルールを与えてくれる。ライバルの業績をうらやましく思ったり、その動向や世の風潮が気になって仕方がなかったりするときでも、自分たちが守らなければならない立場があることを家訓は教えてくれる。逆に家訓などを一切もたず、つねに自分ひとりのあたまで判断しようとする経営者は、独善に陥りやすく、いかにも危うい存在に見えてくる。

第三に、ジャスコ傘下に入ってくる店舗について、まず店舗改廃を前提として考え、そして最終的に一八〇店もの店舗を改廃するという圧倒的な権力が本部にあったことに留意したい。それは、連邦制経営のひとつの成果の現れでもあっただろう。というのは、連邦制経営においては、前章でも触れたように、各店舗における経営の自由裁量を認める一方で、店舗のインフラ部分については本部の意思が働くような体制がつくられているからである。そうした背景があればこそ、卓也でさえ強引と思うような店舗改廃戦略が滞りなく進めることができたのであろう。

注

1）国勢調査資料で各地域の「人口の対全国比」を見るとその傾向は一目瞭然だ。一九五〇年から七〇年の二十年間において、東京圏の人口の対全国比は一五・五％から二三・〇％へ、同様に近畿圏では一三・三％から一六・六％へと、急激に上昇している。他方、東北地方六県では一三・七％から一〇・九％に、九州地方の七県では一五・五％から一二・四％に、中国地方五県では八・一％から六・七％に、四国地方四県では五・〇％から三・七％へと、その割合は大きく減少している。

2）堤清二をリーダーとするセゾングループが、その変化のひとつの中心となり、渋谷の街そのものを楽しむ空間にするという、それまでなかった消費スタイルを誕生させていったのは有名である（石井・二〇二二）。

第8章

地方市場に戦略の舵を切る

地域ジャスコ方式を通じて合併を進め、連邦制経営の内実を固めていたジャスコだが、第三次合併の頃から出店状況は大きく変化する。地元小売業者を中心としたいわゆる「大型店出店反対運動」が各地で生まれ、日ごとに激しいものとなっていったのである。

新小売業態として華々しく登場したSMは、出店する各地で出店を待ちわびた消費者の熱烈な歓迎を受け、開店当日から大勢の人々が店舗に押し寄せた。だがその一方で、出店の影響を直接受ける地元の近隣の小売業者たちは、「大型店の進出は自分たち地域商業者の生存を脅かす」という意識をもつようになっていったのである。

各地で巻き起こった出店反対運動により、SMの出店は大きく制約を受けることになる。もちろんジャスコも例外ではなく、新しい対応策が要請された。その点に触れる前にまず大型店出店反対運動が依拠することになる当時の法制度についてごく簡単に触れておく。

1　大規模小売店舗法の制定

一九七三年に大規模小売店舗法（「消費者の利益の保護に配慮しつつ、大規模小売店舗の事業活動を調整することにより、その周辺の中小小売業者の事業活動の機会を適正に保護し、小売業の正常な発展を図ることを目的とした法律」）が制定された。それにより、大型店の出店は、出店地において商業活動調整協議会（以下では、商調協と略す）の審査を受けなければならなくなった。届出制だったはずのものが、実質許可制に変容した。その結果、その地域に出店するか否か、さらには店舗の規模や店舗運営の方式（営業時間や営業日等）を決めるのは出店する当の会社ではなく、地元商調協によって決められることになった[1)]。

出店自体が厳しく規制されるだけでなく、出店認可が下りても申請売場面積が半分以下に削減される事例は各地で頻繁に起こった。SM業界の成長に強いブレーキがかかることになった。

ジャスコも例外ではない。一九七四年から七六年にかけての三年間に、ジャスコは計一四件の出店調整が各地域の商調協に委ねられた。店舗規模は、小さい店で四〇〇〇㎡、大きい店で二万㎡。一四件平均では九〇〇〇㎡強だった。これら出店申請各店は商調協で調整を受けたわけだが、その調整結果を平均すると申請売場面積では約3割、一件当たりで言うと二七〇〇㎡の削減があった計算になる（ジャスコ・二〇〇〇、二七六頁、表2－6から算定）。

さらに売場面積に加えて、①開店日の延期、②営業時間の短縮、あるいは③年間営業日数の削減といったかたちで店舗売上高を制約するルールが組み込まれることも多かった。

こうして、新法の実質許可制への変質は、総合スーパーを代表とするチェーンストアの出店に大きな制約を課すと同時に、チェーン各社の業界の競争構造にも影響を与えることになる。

新店出店抑制策は、中小商業者を守る効果をもつ。と同時に、すでにその地域に参入済の既存大型店をも守ることになる。その点で、大型店出店規制は、トップに追いつくべく積極的な出店戦略をとっていたジャスコのようなチャレンジャー会社にはとくに痛手となる。トップ追撃のための手段がなくなることを意味するからだ。その点で、ジャスコにとっては成長が制約されトップに追いつく機会が消えるというピンチの時期でもあった。しかし、ジャスコはそのピンチを巧みにチャンスに変えた。地方市場への積極的な進出を図ったのである。

2 大都市の大市場圏から地方の中小市場圏へ

その当時、業界の趨勢としては大都市近辺ないしは人口三〇万人くらいの大都市郊外地域に大規模な店舗が展開していた。ダイエーでは、一九七一年の福岡ショッパーズプラザや、七三年の新潟店においてその流れが始まった。福岡では、ダイエーの売場面積は一五〇〇㎡（テナントを入れると三〇〇〇㎡）であったものの、すべてのテナントを含んだ総売場面積は二万八〇〇〇㎡。開店初日には、雨中にもかかわらず一〇万人もの消費者が押しかけたと言うくらい人気は沸騰した。新潟店も、自社売場が一五〇〇㎡でテナントを入れた総延べ床面積は三万五〇〇〇㎡にも及んだ。一九七〇年代に入った頃から、ダイエーはそうした巨大店舗の開発をスタートさせ、消費者からは爆発的な人気を得ていた（ダイエー・一九九二）。

もはや、食品や衣料品に限定されたスーパーマーケット業（スーパーストア業）から、それら商品を一部として含んだ多くの日用品そして金融サービス等も包摂するまさに総合スーパーと呼ばれるにふさわしい業態に変わってきた。

七四年になると、ダイエーは自社売場の大型化も図った。埼玉県志木市への出店（二万四三二九㎡）、山梨県甲府市への出店（九三六三㎡）と、兵庫県姫路市への出店（六五〇二㎡）を含め、二か月間に続けざまに三店開業したが、いずれの店舗も直営売場面積はそれまでの店舗規模の数倍の規模に達していた。それ以降、ダイエーの主力新規店舗の直営売場面積は五〇〇〇㎡超の規模レベルへと一気に拡大した。[2)]

ダイエーは、大規模店舗にシフトすると同時に、自社店舗を上回る規模でライバル店が自身の店舗商圏に出店してきたときには、それとは直接戦う道を選ばず、当該店舗をディスカウンターへと業態転換させるという手を打ち始めた。すでに業界最大数の店舗と最大量の仕入れ力を持ったダイエーに、ある意味で相応しい戦略でもあった。

もう一方の業界の雄であるイトーヨーカ堂は、東関東・北関東を中心に、巨大店舗を展開した。同社の戦略は首尾一貫していて、一度確保した商圏は失わないという戦略であった。ライバルとなる大型店が自身の店舗商圏に出店してくれば、さらにそれより大きい大型店を開発して対抗した。ダイエーは保有する「店舗」を自身の一番の資源と考え、それを多様に展開して成長を狙った一方、イトーヨーカ堂は「自身が確立した商圏」が、自身の一番の資源と考えたのである。業界のリーダーとなる会社がそれぞれに個性を鮮明に打ち出した時期でもあった。

では、ジャスコはどうしたか。ジャスコは、そうした大手チェーンとの直接の競合を避けることを考えた。東北や信越あるいは山陰など、ダイエーやイトーヨーカ堂などの業界大手チェーンがしばらくは進出してきそうもない地方の小さい商圏の市場に着目したのである。

主戦場を避ける弱者の戦略だが、目算がないわけではない。いくつかの創意工夫が図られた。

そのひとつは、そうした小商圏に合わせて小規模店舗で出店することであった。そのために、三〇〇〇㎡から五〇〇〇㎡の比較的小規模の店舗で、衣食住フルライン構成を図るタイプの店舗を開発した。「ファミリーニーズ・ショッピングセンター」と名づけられた。「この時代（一九七〇年代中葉~筆者注）ジャスコがもっとも得意とする店舗スタイルであった」と、社史にも書かれている（ジャスコ・二〇〇〇）。このタイプの店舗がこの時期のジャスコの成長を支えた。

その当時、ダイエーやイトーヨーカ堂など大手チェーンは巨大店舗の開発に焦点を合わせていた。小規模店舗では、十分な規模の利益が働かず、競合にも弱く、結果的に収益性が低いと見なされた。そうした業界の流れから言えば、ジャスコのやり方は逆張り戦略ということになる。

ただ、小規模店に利点がないわけではない。小規模であるため投資回収が早く、店舗の改廃が容易という点だ。小規模店舗の機動性は、「大黒柱に車をつけよ」というかたちで資源の固定化を避けることを家訓としていた岡田屋の伝統にも適う。

ジャスコは、こうした準備を重ねて競合が起こりそうもない地方に進出していった。そして、①広い駐車場を確保し、当該地域さらには近隣地域から消費者を呼び込む、②特定層の消費者に絞ることはせず幅広いニーズに応える、③そのためにフルラインの商品を揃え、滞在型のサービス娯楽を揃える、そして④新規参入者を呼び込まないよう適時改装・改築・テナント入替などをして商圏への参入コストを上げる、といった工夫を重ねれば、「地域一番店」としてそれなりの収益を稼げることが予測できた。

こうした地方市場の進出においては、地域ジャスコ方式と共存共栄型ショッピングセンター方式という二つの方式が重要な役割を果たした。

❖地域ジャスコ方式の全国への展開

地域ジャスコについてはすでに第四次合併のところまで紹介したが、その後も地域ジャスコの比重は年ごとに上がっていった。

スタートした頃の一九七二年には、ジャスコ単体の売上高が八七八億円に対して、主要な地域ジャスコの合計売上高は四五億円とわずか五％だった。それが、一二年後の八四年には同七三二〇億円に対して二六六三億円と、ジャスコの売上高の三六％を占めるに至った。

地域ジャスコ方式は、ジャスコグループがイオングループと名を変えても続くのだが、その後の経過も含め、地域ジャスコのジャスコ総出店数に占める貢献をあらためて整理しておこう。次の表は、ジャスコの総出店数に占める地域ジャスコの割合を経年で見たものである。

図表10から、次の二点を指摘できる。

第一に、一九九五年まで地域ジャスコの割合は、五七％にまで着実に高まっていったこと。

〔図表10〕ジャスコでの直営店と地域ジャスコ店の割合

	直営店	地域ジャスコ	合計
1970－73年	42店	11店（20%）	53店
1974－78年	41	26（39%）	67
1979－83年	39	35（47%）	74
1984－88年	26	35（57%）	61
1989－95年	43	36（46%）	79
1995－99年	53	17（24%）	70

数字は店舗数。
（　）内は、合計出店数に占める割合
引用：ジャスコ（2000）

（九五年以降に至ってその比重は初めて下がる）一九八四年から八八年、そしてイオングループと名前を変えた後の八九年から九五年にかけて、地域ジャスコの比重は出店数の半分ほどを占めるようになる。地域ジャスコのこうした伸長傾向を見るとき、地域ジャスコは、ジャスコの成長を支える重要な戦略となっていたことがわかる。

第二に、それら地域ジャスコの店舗は、地域的に大きく広がっていたことである。地域だけを言うと、北から秋田県（本庄市）、山形県（四店〜カクダイとは米沢市で二店。西奥羽ジャスコとは酒田市で二店）、茨城県（伊勢甚と日立市／結城市／水戸市の三店）、千葉県（扇屋と千葉市／茂原市／東金市の三店）、長野県（信州ジャスコと長野市二店／須坂市／下諏訪町の計四店）、福井県（福井市）、和歌山県（御坊市）、広島県（広島市二店／呉市）、島根県（松江市）、山口県（下関市）、福岡県（飯塚市／福岡市）、長崎県（佐世保市）、宮崎県（宮崎市）と、出店地は全国に広がっている（ジャスコ・二〇〇〇）。

地域ジャスコがこの時期、ローカル・チェーンとの合併を通じてこのように伸長する様子を見たとき、あらためて当時の日本各地のローカルチェーンは、厳しい競争下、チェーン単独での存続が難しくなりそうという不安を抱えていたこと、そして地域ジャスコ制度は彼らのその不安に応えるひとつの答えであったことが推察できる。

3　共存共栄型ショッピングセンター

地域ジャスコと並ぶもうひとつの地方進出の柱になったのは、ジャスコが「共存共栄型ショッピングセンター（以下ではＳＣ）」と呼ぶ方式である。

大型店出店反対運動は各地で頻発したが、街の商人のなかには、大型店と共存共栄を図りながら共に発展することを望む者も少なくなかった。大型店との共存共栄を願うそうした地域商人の期待に応え、ジャスコはそれら商人たちと連携を図った。それは、連邦制経営を掲げるジャスコならではの取組みでもある。そのための方式が、「地元商店の出資による協同組合主導の開発方式」である。ジャスコはそれを共存共栄型ＳＣ方式と呼んだ。

共存共栄型ショッピングセンターの第一号店となったのは、一九七三年にオープンした鈴鹿ハンターである。

これは四日市の有力商店主たちが鈴鹿市郊外に建設したＳＣで八〇〇台の駐車場を備えてい

た。組合としてもＳＣ自体の死活を決める核店舗の選定には極めて慎重であったが、最終的にはジャスコが衣料品部門のキーテナントに選ばれ出店した。食品はスーパーサンシ、呉服は川口屋、家電は関西電波、そのほか三〇数店のテナントで構成された。

その後、一九七六年になってこの方式での出店が本格化していく。ジャスコ社史（二〇〇〇）において、共存共栄型ＳＣとして挙げられている店舗を**図表11**にまとめておく。

〔図表11〕共存共栄型ショッピングセンター（1973年～81年）

年	所在地	店舗名
1973	三重県鈴鹿市	鈴鹿ハンター
1976	三重県四日市市	日永カヨー店
	福井県大野市	大野スカイモール
1977	愛知県大府市	大府店
	青森県青森市	青森サンロード
	福井県福井市	福井ピア
	三重県三重郡	サンリバー富洲原
1978	和歌山県海南市	海南ココ
	三重県鳥羽市	鳥羽ＳＣ
	千葉県東金市	サンピア東金
1981	岩手県江釣子村	江釣子店SCパル

引用：ジャスコ（2000）

共存共栄型ＳＣは、一九八一年の江釣子《えづりこ》店まで続いた。とくに、七四年に大型店出店規制法が制定され、大型店出店が困難になったその直後、つまり七六年から七八年のあいだに集中している。七六年に二店、七七年に四店、七八年に三店となっている。

この方式のモデルケースと言われているのが、一九七七年に開店した「ＳＣサンロード青森」と同じく、岩手県の「江釣子店」だ。この方式において、ジャスコのかかわり方を知るためにも少し詳しく触れておく。

①　ショッピングセンター・サンロード青森

ＳＣサンロード青森の開発は、ジャスコがかかわるまでにも長い年月を経ている。一九六九年に、青森市の有力商店主たち約三〇名のメンバーが集まり、協同組合「ニュータウン青森」を設立したのがスタートになる。彼らは、青森市南部に、三万平方メートルの土地を取得し、ＳＣの開店を目論んだ。当初のコンセプトは「十和田観光の基地」というものだった。核になる商業施設の必要性が認識され、東京や大阪の百貨店に出店を打診していったのだが、それに乗ってくれる百貨店はなかった。

困りはてた組合は、全国専門店事業開発協同組合（全専協）に核店舗の推薦を依頼した。当時、全専協の母体である日本専業店連合組合（日専連）は、大型店出店阻止の急先鋒の団体の一つだった。だが、当時の日専連・岩城二郎理事長は青森の商業者の申し出を断ることなく、その依頼に応えて、ジャスコを核店舗として推薦した。その背景には、「商業界」が主宰する会合において「商業界エルダー」の役目を果たしていた岡田卓也と岩城理事長が懇意だったことにある（ジャスコ・二〇〇〇）。

少し余談になるが、「商業界」についてはジャスコ成立時の話でも触れたが、ここでは日専連との関係と商業界エルダーの役割について少し触れておこう。日専連と商業界の関係は浅くない。「商業界」を主宰したのはすでに述べたように、倉本長治だった。彼は、一九五〇年の日専連結成の意義を理解しその結成に尽力すると共に、雑誌「商業界」を通じてその活動を詳しく報じた。「『商業界』は日専連の準機関誌」と陰口がたたかれるほどだったと言う（倉本・二〇〇五）。

そうした中で誕生した商業界エルダー会とは、誕生間もない『商業界』をバックアップすべく有志が立ち上げた会だった。商業界が開催する商業界ゼミナールにおいて、参加者の相談相手として、あるいは深夜に及ぶ各業種別部会の進行役を務めるなどといった役目が期待された。このゼミナールの開催費用も分担したようで、物心両面にわたって商業界を支援した。

このエルダー会は一九五四年に、岡山県津山市で丸一履物店を営む日下静夫が会長（その後、終身会長）となり一三人のメンバーにより結成された。フタギの二木一一もその一人だ。その後、エルダーには、二木や卓也以外にもベニマル創業者の大高善興、ダスキン創業者の鈴木清一、京都タカラブネ創業者の野口五郎、神戸星電社創業者の後藤博雅、長崎屋創業者の岩田孝八、大阪ニチイの西端行雄、金沢芝寿司の梶谷忠司、寿屋の壽崎肇といった後に名を成す錚々たるメンバーで構成されていた。

さて、そうした縁もあって、卓也自身が一九七七年十二月に直接青森を訪問し、土地を見て、商業者の話を聞いた。その当時ジャスコは青森県に進出する予定はなかったが、「雪しかない土地代の利息を払い続けている組合の熱意」を知って引き受けることにしたという（ジャスコ・二〇〇〇）。

こうして一九七七年、組合結成後八年経ってジャスコ青森店を核店舗とする「サンロード青森」がオープンした。そこのキャッチフレーズは「八五の専門店とジャスコ」であって、「ジャスコと八五の専門店」ではなかった。いずれにしても、大型店出店反対の急先鋒であった日専連とSMチェーンのジャスコとが協調して事を起こすというのは、当時としては珍しいことであった。

大型店招致への地域商業者たちの熱意と出店予定さえなかったジャスコを繋いだのは、商人同士の友情あるいは信頼の連鎖であった。サンロード青森はその後も、SCとして長きにわたって営業を続けている。

② 岩手県江釣子ショッピングセンター・パル

もう一つ、同じく東北の岩手県江釣子店の事例も、地域主導タイプの出店方式で著名な事例だ（ジャスコ・二〇〇〇。江釣子パル・二〇〇一）。

「江釣子パル」の現地での取組みは一九七〇年代に遡る。江釣子は人口七〇〇〇人の村だった。そこに東北自動車道が開通し、インターチェンジが開通することになった。そこから盛岡市までは車で一時間ほどの距離であった。盛岡市の商圏に飲み込まれてしまう。江釣子の商店街は、存亡の危機に立たされることになった。

そこで呉服商を営む高橋祥元（その後、協同組合江釣子ショッピングセンター理事長に就任）は、村の商工会で青年会を立ち上げ、商店街診断を依頼した。「江釣子の商店街はSCに転換すべし」という調査報告書が出てきたこともあり、SCのための取組みがスタートした。一九七四年のことである。

その後サンロード青森をはじめ各地のSCの見学に行き、七八年には調査研究会を立ち上げ出店資金の積立てを始めた。そして、サンロードと同様、ジャスコを核店舗とすることに決め、ジャスコに直接交渉に臨んだ。岡田卓也は青森に続いて今回も江釣子の商人たちの申し出を引き受けた。七九年には江釣子SC共同店舗株式会社が設立された。

本件も他の商業施設同様、出店に際しては商調協の調整にかかることになった。それも全国初めての広域商調協の対象となった。ふつうの商調協は単一自治体での調整となるのだが、本件は地元の江釣子村に加え、隣接する北上市との二地域の調整にかけられた。ジャスコを誘致した側の江釣子村は、当然のことながらジャスコの出店を望んでいる。他方、北上市側は商業者を中心に大型店の出店に反対だった。

大型店が出店する地域の商業者はおしなべて大型店の出店に反対すると思われがちだが、実際には大型店の出店地との距離によって賛成と反対とが微妙に分かれることもあった。出店地区に近い商業者は、大型店が自分の店に客を運んでくれるということで賛成側に回ることがあるが、それが形になって現れたのがこのケースだ。

ジャスコの集客力を頼ってSCをつくろうとする地元の江釣子村の商業者は賛成、客を奪われるだけになりかねない北上市の商業者は反対というわけだ。そこで両市のあいだでの調整になる。そして大店審東北部会で、地元五一一〇㎡、ジャスコ六三〇〇㎡で決着した。八一年一二月、岩手県江釣子村に五〇の地元専門店とジャスコとが組んだ江釣子ショッピングセンター・パルがオープンした。不安いっぱいの開業であったが、3日で3億円を売り上げ、地域の圧倒的な支持を受けた。

開業後も、江釣子SCパルの努力は続いた。

まず、「3年前計画」を軸に、おおよそ5年ごとに改装を行った。3年前計画というのは1年目に提案・報告を行い、2年目に研究、3年目に実施を行うというスキームのことで、二〇一一年までに6回もの改装を行っている。失敗したケースもあったらしいが、時代に合わせた内装や雰囲気を心掛けることで地域の支持を保ち続けた。

また、日頃の取組みとしても、全テナント参加型の委員会や朝礼も定期的に行っている。とりわけ、現出店者の後継者にも目配りしていたことが注目される。そもそも、共同店舗会社への出店希望を募るときから、参加条件のひとつに後継者の有無があった。開業後も、若手育成のための「パル後継者塾」が立ち上げられた。

ちなみに、卓也は、こうした寒冷地のSCの意義を、青森県にあるイオンモール下田のケースを取り上げながらわかりやすく説明している。そのイオンモールには、介護施設老人ホームがバスを仕立ててやってくるそうだ。

「寒い所ですけれども、冬は暖房が効いているし、夏は冷房が効いているでしょう。それでお年寄りが2時間なり何なり、映画館もあるわけだから、そこで若い人たちと一緒にぶらぶらできる。それから、家にいるお年寄りでも、介護に来てもらって買い物をしてもらっても自分の本当に欲しいものが買えないのです。ミカンを買ってきてくれと言うよりも、そのショッピングセンターへ行って自分でミカンを買えることが楽しみだとおっしゃる。」（岡田・二〇一〇）。

地方のSCの効能が、実感としてよくわかる話ではないだろうか。

すべての地域商人と協働することは無理でも、地域活性化に意欲を燃やす商人たちの思いを掬いあげ協働することはできる。それがジャスコの共存共栄型SCというかたちになって現れた。

こうしてジャスコは、他のチェーンが思うような出店が難しくなるなか、地域ジャスコ方式と共存共栄型SC方式とをクルマの両輪として、着実に地方市場への進出を図っていった。

4　大都市近郊への回帰

さて、大型店出店規制の下において成長が難しくなったライバルたちを尻目に、ジャスコは以上のような2つの方式を利用しながら地方への出店を重ねた。しかし、一九七〇年代後半以降になると、一転、都心部に巨大店舗でもって回帰し始める。たとえば前述したダイエーとのかかわりで言うと、六〇年代後半に起きた「ダイエーによるジャスコ逆転劇」であったが、七〇年代後半からは「ジャスコによるダイエー再逆転劇」が起こった。最後に、それらの姿を見ておこう。

第7章で述べた大阪府の寝屋川市のケースはその典型である。ダイエーが香里ショッパーズプラザを出店することで、近くにあったジャスコ（シロ）の駐車場を持たない小さい店舗はひねり潰されたことはすでに述べた。しかし、十年後の一九七八年になって、ジャスコは新たに「寝屋川グリーンシティ」をオープンした。

それは敷地面積が二万二六六七㎡で、ジャスコを核店舗に九五の専門店が揃っていた。駐車場も千台規模で、先に述べた六八年開店のダイエー香里店の規模を大きく上回った。その競合に負けたダイエー香里店は二〇〇五年に閉鎖された。わずか十年ほどのあいだにこの地域での店舗の覇権は二度変わることになったわけである。

そうした動きは、八〇年代以降、各地域で目立っている（大友・二〇〇七）。そうしたジャスコの事例のいくつかを挙げておこう。

八四年、埼玉県川口市に千台の駐車場を持つ直営の七八四〇㎡の大型新店をオープンした。それは、ダイヤモンドシティが関東地区で初めて開発したショッピングセンターで、「グリーンシティ」の核店舗である。専門店の敷地面積は三六〇〇㎡。これに対して、二四四六㎡しかないダイエー埼玉県川口店（六七年開店）は業態転換を行ったものの、九九年には閉店を余儀なくされた。

八六年、大阪茨木市に直営店で九九九九㎡の売場面積と七〇〇台の駐車場を持つ新店をオープン。「生活宝島」を掲げて、従来に比べより高級型（アップスケール）の店舗として注目を集めた（ジャスコ・二〇〇〇）。それに比べて、六八年開業のダイエー茨木店は、売場面積で半分、駐車場に至っては五分の一の規模にすぎず、八八年にディスカウントに業態転換したものの、二〇〇二年には閉店した。

ジャスコは八九年にグループ名称をジャスコグループからイオングループへ変えるのだが、この傾向は続く。

ダイエーの店舗と直接バッティングする新店だけを挙げると、九三年は大店法の規制緩和が進む時期だが、那覇市那覇店を売場面積一万九〇〇〇㎡で三〇〇〇台の駐車場でもって出店した。国際通りに近い沖映通りにあった駐車場がないダイエー那覇店（七五年に強い反対運動のなか苦労して開店したのだが）は、二〇〇五年に閉店した。

九四年には、大阪府高槻市郊外に一万五二〇〇㎡の売場面積と二五〇〇台の駐車場をもつSCを開店。七一年に開店以来、地域一番店の地位を確保していたダイエー高槻店は八八年にディスカウント店の「トポス」に業態転換していたが、売場面積は三分の一しかなく九九年に閉店。その地に今はマンションが建っている。華やかに開業したものの、スーパーマーケットとして一七年、業態転換したディスカウント店として一一年の命だった[3]。

5　まとめ

ジャスコは、一九七〇年代中葉、同業チェーン間の競合の主戦場となった大都市近郊市場ばかりでなく、規模的には小さい商圏であったが、地方市場にも着目し進出した。それについて、まとめということで二点、述べておきたい。

第一に、地方進出においては、地域ジャスコと共存共栄型ＳＣの二つの制度が大きい役割を果たしたことである。

地方進出の成功は、ジャスコの掲げた「連邦制経営」とそれを生み出した「商人同士の信頼関係を重んじる経営姿勢」の賜物であったろう。そうした姿勢や性格をもったジャスコだからこそ、地方の多くの商人たちの意欲を掬いあげ、彼らと協働することが可能になった。

他方、ジャスコ自体もその協働から大きい恩恵を受けた。厳しい出店規制のもと出店困難であったその時期に出店機会を得たのである。まさに両者ウィンウィンの関係が生まれた。ジャスコの本領発揮とも言える時期であっただろう。

第二に、卓也が、長期の流通構造の動態を見るひとつの原則をもっていたことを述べておきたい。それは、地域一番店の原則である（岡田卓也インタビュー・二〇一三）。

地方市場に舵を切り換えて、小さい地方市場でも一番店の地位を確保できればそれなりの収益をあげることができることを実証していった。その手法を、一九八〇年頃から元の主戦場であった都市部にも展開し大きな成果を収めた。

「一番店戦略」は、卓也によると応用領域は広い。新業態のSMが当初、既存の町場の魚屋や八百屋や金物屋など各種の業種店小売店を圧倒したのは、ひとつには当該地域でそれぞれの業種で一番大きい売場規模を実現していたからである。

そしてその後起こったSM同士の競争においても、地域一番の売場規模を確保しているかどうかが勝敗の命運を握る。そしてさらに、各種商品を取りそろえた総合スーパー業態が衣料品やDIYやドラッグなどの専門店チェーンにその地位を奪われていくことになるのだが、それも衣料やDIYやドラッグなどの商品カテゴリーで地域一番の売場面積を確保できなくなっていったというのが大きな理由である。卓也自身が、そうした理由で総合スーパーの限界を早くから指摘している。

卓也の流通構造の動態を見るこの原則はシンプルなものであるが、ジャスコが地方市場に戦略の舵を切るうえでの手がかりとなり、また大都市回帰への手がかりにもなったのである。先の「大黒柱に車をつけよ」もそうだが、戦略の元にある原則は意外にシンプルなものなのかもしれない。

注

1）その結果、ダイエー熊本店のケースのように、申請三年後の七八年の暮れになって出店申請が認められるというところもあれば、京都市のように五年間にわたって市内への一切の大型店の出店を凍結した京都市議会のような自治体もあった。

2）ダイエーは、一九七三年まではもっぱら一五〇〇㎡以下の店舗の出店に注力していた。その年までの総出店数は六五店。そのうちの八〇％にあたる五〇店が一五〇〇㎡ないしはそれ以下の規模クラスだった。この数字を見るかぎり戦略転換は明確だ。また、イトーヨーカ堂は巨艦店舗の展開を図っているが、七〇年代には常磐線沿線を中心に東京近郊での巨艦店の出店を加速化していた。

3）さらにこの時期、よりアップスケール化した商品を揃えるだけでなく、映画館やレストランやゲームセンターなど娯楽施設なども多数併設し、一日滞在して楽しむことができる店舗も展開していった。千葉市扇屋ジャスコマリンピア店（一九八四年、直営店一万五〇〇〇㎡、専門店八〇〇〇㎡で、駐車場一二〇〇台）、豊中市南千里店（一九八七年、直営店一万四千㎡、飲食ゾーン一八八〇㎡、駐車場五七〇台）はそうした店舗である。

第9章

合併と買収は違う！

ジャスコ自体の歴史は短く、今はイオンと名前も変わっている。その意味では、ジャスコに参集した商人たちの奮闘努力の足跡も、歴史の闇の中に埋もれていきがちである。しかし、彼らが掲げた理想や思いは、消えることなく受け継がれていく。ジャスコの物語の最後に、二〇一五年に北関東一の小売チェーンであった株式会社カスミがイオン傘下に入った事例を取り上げ、ジャスコが掲げた理想や思いの現代的意義を探りたい。

1　カスミの創業と発展

ここでは、株式会社マルエツと株式会社カスミとマックスバリュ関東株式会社およびイオン株式会社と丸紅株式会社による共同持株会社（株式移転）の設立の経緯を取り上げる。この共同会社設立により、カスミはイオン傘下に入ることになる。

さて、ジャスコを前身とするイオンだが、同社はあらためて紹介することもないくらい有名なので簡単な紹介にとどめる。千葉県千葉市美浜区の幕張新都心に本社を置くイオン株式会社を純粋持株会社として、イオンリテール株式会社を中核とし、日本国内国外に三〇〇社を超える企業群で構成される大手流通企業グループである[1)]。

現在イオンは、セブン＆アイＨＤと並んで、わが国流通業界の二強を形成する。その事業は、①多様な小売・サービス分野への多角化（コンビニやドラッグや衣料品などの専門店チェーンの展開、各地でのショッピングセンター開発、さらには金融業等への進出）、②中国や東南アジアに向けての国際化、そして③トップバリュを中心とするＰＢの製品開発へと発展している。水平的、垂直的、国際的にその事業は広がっている。

さてもう一方の当事者のカスミは、茨城県を中心に展開してきたＳＭである。同社は、今は消滅したが土浦の名門の霞百貨店の一事業としてスタートを切った。

霞百貨店が展開したこのＳＭ事業部門は、当時、同百貨店の役員であった神林照雄が指導力を発揮して始めた事業である。その後、神林は、霞百貨店から独立し一九六一年に自力でカスミストアを設立する。それがカスミの前身になる。イオンとのかかわりの話に入る前に、カスミストアの創業者である神林の経営思想に触れておきたい[2)]。

❖カスミ創業者、神林照雄（一九二一～一九九五）

神林照雄は、戦後復員してすぐ、ひとりでリヤカーを引き土浦駅前の目抜き通りにあった霞百貨店前で露店の薬屋を始めた。京都薬学専門学校を出ていたので薬の知識はあった。そして翌四六年に、霞百貨店のなかでカスミ薬局を構えることを許された。店内薬局といっても、わずか三坪だったが、一〇年経った五十年代中葉には同業で土浦一の売上をあげるまでになる。

百貨店の一区画を借りて薬局を続けるうちに、その経営の才が百貨店の経営陣に認められ、同百貨店の経営に参画することになる。そして、百貨店では財務を担当し専務となって経営陣の一角を占めるまでになる。しかし、一〇年経った六七年、四〇歳のときに同百貨店を辞め、独力でSM事業に挑んだ。霞百貨店が同事業でチェーン化に踏み切らなかったことや、京成電鉄の資本が入ることになったことも契機になったようだ。

当初、事業の資本金は一〇〇〇万円。社員四人、一五坪の掘立小屋でスタートした。資金は乏しく、資金集めのために二〇〇人の取引先に対して手紙を書いたという。「私には担保にするものがなにもありません。あるものはこの体一つです。この体を担保にしますから、どうか三年間だけ一割の利子でお金を貸してください」(神林照雄・一九九五)という内容だった。

お願いした相手からの答えは様々だったそうだが、とにかく四六〇〇万円の資金が集まり、SM事業がスタートした。それら資金は、約束どおり三年後には一割の利子を付けて全額返済している。

その後、SM事業を中心に同社は発展し、八四年には東証に株式上場を果たす。彼が社長を退く九一年には、SM、コンビニ、そしてレストラン事業を三本柱として、グループ全体の店舗数は一〇〇〇店を超え、年商は三二〇〇億円、従業員数は三二〇〇人という規模に成長した。驚くような成長ぶりである。

❖カスミストアの経営理念

ここで注目したいのはその躍進を支えたカスミの経営理念と神林の信念である。カスミを創業しこのような発展を導いた神林の経営は独特の信念に裏打ちされていた。それは「経営は宗教なり」の信念だ。宗教といっても、彼の場合は特定の宗教宗派を意味しない。彼が言う「宗教」という言葉には、二つの意味があるように見える。

第一は、「自然の摂理に従う」「人としての天命に従う」ことが大事だという認識だ。大宇宙の真理、大自然の摂理に従って生きるのが人間本来の姿であり、その真理に耳を傾け、摂理に従って経営にあたるべしと考えたのだ。人としてのあるべき姿、商人あるいは経営者としてのあるべき姿を追い求めたわけである。

第二に、「万物は生かし生かされている」という認識だ。彼は、「衆生本来仏なり」と説いた。彼には太平洋戦争中に南方の戦地で、多くの戦友が次々に亡くなるという極限の体験があった。そのなかで、「与えられた命」「自分は人によって生かされている」という意識をもつようになる。彼のそうした思いは、次のことばにも現れている。「物には命があり、その命を粗末にしてはいけない。私は生かされている、物にも人にも」と。

「経営は宗教なり」という彼の言葉の背景には、こうした信念があった。その信念に裏打ちされた会社方針も独特のものであった。

第一に、「奉仕」と「質素倹約」の精神を経営の原点に据えた。「奉仕のなかに商道がある」と言い、自分が裕福になることよりも「まず相手のことを考える」ことだと言うのである。また、物には命があり命を粗末にしてはいけないということで、彼自身それを実践した。彼の服のポケットの中には社内に落ちていた輪ゴムやクリップがいつもいっぱい詰まっていたそうだ。

第二に、「店は公器だ」と説く。会社は株主のものではなく、ましてや家族・一族のものではないともいう。株主があって会社があるわけでも、経営者がいて会社があるわけでもない。「お客様がいて店がある」「社員がいて会社がある」と理解する。

第三に、会社で使う用語も顧客志向に徹した。経常利益は「感謝高」、粗利益は「ご満足高」、売上高は「奉仕高」、そしてロスリスクは「殺生高」と呼んだ。会社視点を避け、顧客視点の社内用語を創り出した[3)]。

彼のこうした信念とその思いは、カスミの事業にとどまらず、社会貢献にも及んだ。カスミが株式上場した一九八四年に二〇〇万株を基金として提供し、「神林留学生奨学会（現・公益財団法人）」を立ち上げた。戦争で傷ついた東南アジア地域の留学生に経済的な支援をするためである。また、一九八一年には、霞ケ浦菩提禅堂を建立している。「座禅によって自己を見つめ、大宇宙の真理、大自然の摂理によって生かされている自分を感じ取ってもらう場になれば」というのが主旨だと言う。

九六年に社長の座を退き、実弟の神林章夫がその跡を継いだ。章夫は後継を固辞したようだが、結局は継ぐことになった。「店は公器だ」と言いながら、弟を後継者に選んだことは、昭雄にとってもいささか不本意だったのだろう。自身の書の中でこう述懐している。「内部に後継者を育てる時間がなかった。たまたま外部から適任者として連れてきたのが同族だったということで、意識の上では非同族であるということでやっていこうと、これは新社長と合意しています。」と（神林・一九九五）。後継社長となった章夫は、信州大学経済学部学部長の重職を経験した経済学者だった。

2　カスミ三代目社長　小濵裕正

この章夫社長も、二〇〇二年には社長の座を退く。そしてカスミの新たな経営者となったのは小濵裕正である。彼は、章夫社長に声をかけられて、二〇〇〇年に副社長としてカスミに入社しその後社長に就任した。小濵は、ダイエー出身で、若い頃から中内㓛社長の信任厚く、最後は専務取締役関東事業本部長を務めた[4)]。

その頃のカスミは、三本柱の事業以外にも手を広げたことや外部からのカスミ買占めの動きへの対応措置などがあって、有利子負債が嵩んでいた。そこで、小濵は、ＳＭに事業を集中させて負債を減らすことに傾注した。同時に、創業者の精神をベースに企業理念・経営理念そして経営方針を新たに定めた（日経ビジネス・二〇二〇）。

小濵が立てた企業理念は、「カスミグループはお客さまのためにある。お客さまのご利益を最優先に、お客さまの立場に立って考え行動する。地域の発展と繁栄をねがって、地域に深く根ざした企業でありたい。」というものだった。

また、経営理念は、「『大きさ』や『強さ』を誇る企業より、『お客様と時代に適応し続ける企業』になりたい」とした。

方針としては、次の三つを掲げた。①最良の企業になるのではなく地域の一店一店を最良にしたい。②たった一店しかなかったときのような思いで地域に根づかせたい。そして③「個」を最良にするためにだけ、「全体」が機能したい、というものである。

小濵社長が目指したカスミの目指すところは、次の二点に整理できる。

第一に、ローカルスーパーとして地域密着の店舗づくり、つまり（チェーンによる規模の利益よりも）一店一店が地域にどれだけ貢献できるかという「個店主義」ないしは「地域主義」を目指したことである。[5)]

それまでは、関東圏への出店を含め、ナショナルチェーン化を目指していたカスミだが、ここではっきりと方向転換を図ることになった。[6)]

第二に、「相手の立場に立って考える」という創業者神林照雄の強い思いを受け継いで、カスミで働く人の考えや気持ちをできるかぎり取り込もうと考えたことである。

新型コロナが猛威を振るっていた頃に小濵氏にインタビューしたのだが、その頃のカスミの経営についてこう語った。「コロナ禍のなかで、カスミの従業員は感染拡大防止のためにいろいろな工夫をしています」と言いながら、次のようなエピソードを語った。

「買い物かごを毎日拭いたり、カートの持ち手をアルコール消毒したり。今では当たり前の対策としてどの小売業もやっていることですが、これらは現場から出てきたアイデアです。私はこれがうれしい。やれと言われたことをただやるのではなく、自分で考えたことを試してみる、やってみるというのが人間の喜びであり、低成長時代の企業にとって、絶対に必要な力だと思うからです。上意下達でなく、地域密着を掲げてきた私の経営が多少なりとも根付いていているようでうれしいことです」と（小濵裕正インタビュー・二〇二二および日経ビジネス・二〇二〇）。

この小濵の言葉からは、会社が「働く人々が、自分たちの意思で、自分たちのために働く会社」として成り立ってほしいと思っていること、そしてそのことが他社との違いを生む重要な力になることも確信していることがわかる（カスミ・二〇一一）。

3　イオンとカスミの提携

さて、そのような成り立ちをもったカスミであるが、二〇〇三年、小濵はイオンとの業務資本提携に踏み切った。その四か月前の二〇〇二年度決算では過去最高益を出していたこともあり、周囲はもちろん社内からも「自立してやっていけるのに、なぜ今カスミはイオンの傘下に入るのか」という声があがったという（日経ビジネス・二〇二〇）。

だが、小濵は日本の流通業界は大きく変化すると考えていた。実際、小濵が社長に就く前のごく短い期間を取り上げても、流通業界には大きい波が押し寄せていた。

当時業界は構造不況の時代に入っていた。ヤオハンが破綻し、業界トップを争っていたダイエーや西友ストアの経営は行き詰まりを見せていた。さらにそこに、ウォルマートを筆頭にメトロやアマゾンなど外資系流通会社の日本市場への参入が始まった。なにより新規参入者を規制し市場を保護してきた大規模小売店舗法が廃止されたことも大きかった。

こうした状況にあって、小濵は、「商品開発、店舗開発、人材育成、情報システム開発など、良きパートナーと提携しカスミの改革を加速すべき」と考えた。会社自体は十分に継続する余裕があるにもかかわらず、「このままでは、いずれ会社としての限界が出てくる」と考えたのだ。

この判断は重要だ。もし、「会社は株主の所有物だ」という意識、あるいは「経営者としての経営裁量権を保持したい」という意識が強ければ、わざわざ他社の傘下に入るような判断はしない。まして、自社の業績は好調である。

しかし、小濵は大手のイオンとの資本提携の道を選んだ。「このままでは会社の限界が出てくる」という未来を見据えた展望があったのだ。こうした小濵の意識は、「会社はだれの所有物でも専有物でもない」というカスミ創業者の神林が持っていた「公器としての会社」意識の延長線上にある。

さて、小濵は、カスミのパートナーとしてイオンを選んだ。どうしてか。イオンを選んだ理由については、小濵社長はいくつか述べている（カスミ・二〇一二）。

第一の理由として、イオンは、その前身であるジャスコ時代から提携・統合を重ねているが、それぞれの合併相手に対して決して資本の論理で支配するという関係を強要してはいないことがあった。欧米の会社に見られるように相手会社を自社に吸収して強権的に支配するというやり方も現実にはよく見られるが、それとは対照的なやり方である。

第二に、イオンは、ＳＭ業への理解が深いと考えたことだ。当時、イオングループ全体で全国に六〇〇店舗近い食品スーパーを展開し、小売各社のなかでもっとも「ＳＭを重要な業態と位置付けている会社」だったというわけである。

そして第三に、イオンが持つ資源とノウハウがある。小濵は、ＰＢのトップバリュをはじめとする卓越した商品開発力と調達力を持つこと、続いてグローバル企業として開かれた企業を目指して新しい経営の仕組みづくりに挑戦していること、そして人材育成のための教育体系が充実していることを挙げている。

小濵は、あるところでこう述べている。「商品を安く仕入れたいということではありません。ＩＴ（情報技術）を活用するデジタル社会が来たとき、カスミ一社では投資できないだろうと思ったのです。再編成されたグループで一緒に開発して、変化に対応していかなければならない」と（日経ビジネス・二〇二〇）。

こうした理由で、「新しい時代のパートナーとして、イオンがふさわしい」と小濵は考えた。イオンのもつ豊かな経営資源や経営ノウハウを享受しつつ、かつお互いの立場を尊重し合いながら、幅広い協力関係を築くことができると考えたのだ。

こうした考えにたどりつくまで、小濵は、イオン名誉会長・相談役の岡田卓也となんどか会って話し合った。小濵が岡田と会って話をするなかに、こんなエピソードがあったそうだ(小濵裕正インタビュー・二〇二二)。

小濵は岡田に対して「連邦制の経営思想ってどんなものですか」と直截に質問した。本書でもすでに述べているが、この「連邦制経営」こそ、ジャスコを業界において際立たせた旗印であった。すると岡田は「(合併する)会社が欲しいわけではない。(その会社の)人材が欲しい。地方には地方の優秀な人材がいるはずだ。」と答えたという。

多く行われている合併は規模拡大を目指すのが常だが、岡田氏は合併した両社の人材を生かすことができることが合併のメリットだと言う。小濵はさらに、「人を生かすというのはどういうことですか」と聞いた。「(岡田氏は～筆者注)要は、自分のところの組織の中で重要なポストに人を育てて使うことだということを言われました。」(小濵インタビュー・二〇二二)カスミの人材が「もっと大きな会社で力を試したいというのであればイオンに来てもらえばいいし、世界に出たいのであれば日本を飛び出して海外の店に行ってもらえばいい」(日経ビジネス・二〇二〇)というわけだ。

人材育成についての話は、卓也の本音でもあるだろう。第5章でも紹介したが、心と心の合併にふれて卓也はこう言っている。「小売業の経営においては「人」の要素が非常に強いだけに、単に法律的に提携や合併をしてみても、人と人の合併、つまり「心の合併」がなければ、期待したメリットはあがらない」（岡田・二〇一二）。

そして小濵は、「そんなふうに人材を生かし、若い人たちにチャンスを与えてくれるのであれば提携できる」と思ったと述べている（日経ビジネス・二〇二二）。

❖イオンとの提携から三社統合へ

両社の提携においては、創業家の神林家が保有するカスミの株式をイオンが買い取り、約一五％の株を持ってカスミの筆頭株主となった（日経ビジネス・二〇二〇）。

両社の提携の具体的成果としては、システムへの共同投資と、スーパー用PB（プライベートブランド）商品の開発体制の構築があった[7]。その成果として、「イオンクレジットサービス」によるクレジットカード「カスミカード」の発行が行われた。そのカードは、マルエツ等との統合前の二〇一一年時点で二〇万人強のカスミの顧客が保有することになった。また、イオンのPB商品「トップバリュ」がカスミの売場に並んだ。

その後、二〇一五年に本格的な統合が行われた。マルエツとマックスバリュ関東と共にユナイテッド・スーパーマーケット・ホールディングス株式会社（以下、USH社と略）が設立された。イオン株式会社と丸紅株式会社が出資する合弁会社（イオンマーケットインベストメント株式会社）が、当該共同持株会社の株式の議決権の過半数を保有する[8]。

USH社の代表取締役会長には、カスミ会長の小濵裕正が就任。代表取締役社長にはマルエツ社長の上田真、そして副社長にはカスミ社長の藤田元宏が就任した。藤田は、二〇一七年に

ＵＳＨ社の代表取締役社長に、そして二〇一九年にはイオンの代表執行役副社長に就任することになる。

二〇一四年の時点で、三社併せて一都六県の四七九店舗で売上高は六四三九億円だったが、二〇二一年二月期の決算では、コロナ禍にもかかわらず、売上高は七三三八億円、営業利益は一九一億円と順調に伸びている。カスミ自体も、会社としての経営を継続し、小濱氏が社長就任した時点では一〇五店だった店舗数は、二〇二〇年四月時点で一八九店にまで増えた。

4 まとめ

❖イオンの合併スタイル

以上、カスミとイオンとの資本提携から三社統合の経緯を、カスミの立場から見てきた。あらためてその合併スタイルを整理すると、次のようになる。

第一に、カスミには、創業者の神林照雄から二代目の章夫、そして三代目の小濱裕正まで、「会社は公器だ」という思想が継承されてきたこと。その思想はジャスコにおいて育まれた伝統と変わるものではない。

第二に、三代目の小濱社長は、ローカルチェーンのカスミが、二一世紀以降予想される厳しい競争のなか単独で生きていくことは難しいと考えたこと。そして、カスミには手に入りがたい資源（情報システムや商品開発力など）をサポートできるパートナーにふさわしい相手としてイオンを選んだこと。これらの考えは、第6章で紹介した扇屋や伊勢甚のジャスコとの合併における考えと変わらない。

第三に、イオンの合併スタイルは、規模拡大志向というより人材育成・活性化志向であって、カスミはそこに高い信頼を置いたこと。また、イオンには合併相手に対して強権的な支配は行わないという伝統があり、カスミはそれに期待したこと。実際、統合後もその期待通り、カスミの経営独立性を保つだけでなく、逆にカスミのトップがイオンの経営陣に迎えられ、イオンとカスミの経営の第一線で活躍を続けている。[9)]

第四に、提携・統合後、イオンは主として会社の基幹業務（人事、財務、情報システム、商品開発）を担当し、カスミは店舗営業を担当する分担関係になっていること。

以上、イオンとカスミの提携から統合の流れは、「互いの信頼に基づいて、互いの立場を認め合った」ものであった。[10)]

こうしたイオンの他社提携・合併スタイルは、小濵カスミ社長自身もそう思ったように、その前身であるジャスコ以来の伝統である「連邦制経営」に基づくものであろう。連邦制経営の精神はジャスコの名が消えた後も生きている！

注

1) 一九八九年にグループ名称が、それまでの「ジャスコグループ」から「イオングループ」へと変更され、その後二〇〇一年に社名がイオンに変更になる。

2) カスミ創業および神林照雄の事績は、神林ほか（一九九三）および神林（一九九五）、カスミ（二〇一一）を中心に整理した。

3) 神林の「経営は宗教である」という信念は、私には石田梅岩の石門心学の教えに重なって見える。繰り返すまでもなく、石門心学とは第2章で述べたように、ジャスコ設立の立役者のひとりである小嶋千鶴子が依拠した思想である。神林は、「自然の摂理や大宇宙の真理にしたがって生きる」ことを述べているが、それは梅岩が「人には与えられた摂理・天命がある」こと、そして「それに従って生きることが肝要だ」と説いたことと重なる。また、神林が質素節約を会社の理念に据え、物には命があり命を粗末にしてはいけないとしたことも梅岩の教えを彷彿とさせる。というのも、石門心学が強調するのは商人としての「正直・勤勉・倹約」の倫理であったからである。

4) ダイエー専務からカスミ社長へと転身した小濵だが、その後、二〇一八年にカスミ会長のままチェーンストア協会の会長に就任する。

5) この問題は、SMチェーンの経営者を悩ませてきた問題でもある。中内㓛と力の兄弟で力を合わせてスタートさせたダイエーだったが、途中で弟の力が離脱した。路線対立があったからだが、路線対立の一つは個店重視かチェーン重視かのこの問題であった（石井・二〇一七b）。

6) この地域主義の考えは、小濵がダイエーの頃から持っていた基本姿勢でもあった。実際、一九九七年、ダイエーの経営を任されて、地域重視の政策を打ち始めたのだが、中内は結局このやり方を良しとせず、それにより小濵はダイエーの経営陣を外れることになった（日経ビジネス・二〇二〇）。

7) この仕事分担のやり方は、ジャスコ時代からのやり方と変わらない。商品開発／財務／情報／人事といった流通の基幹業務はイオン本部が担当し、店舗営業は傘下会社の経営者が担当するやり方である。

8）株主構成は、イオンマーケットインベストメント株式会社五一％、カスミ取引先持株会二・二四％、公益財団法人神林留学生奨学会一・六七％、イオン株式会社一・二四％、日本生命保険相互会社一・一六％だった。

9）イオンが強権的な力を発揮することなく、被合併会社が持っている力を活かそうしているケースとして、「ダイエー」および「ビッグA」の事業会社を挙げることができる。カスミとの統合があったその年、ダイエーはイオンの完全子会社になる。ダイエーはその後、旧ダイエーの理念を引き継ぎながら、二〇二二年度売上高は二八六六億円（コロナ禍とあって純利益は一〇億円の赤字）である。同じくダイエーの子会社のディスカウンターのビッグAも、ダイエー出身の三浦弘社長を先頭にして、ダイエー時代と変わらぬ食品ディスカウンター業を営み、二三年五月時点で三四一店舗を擁している。

10）この合併スタイルは、しかし、世界の潮流とは言えない。二〇二二年一〇月のテスラ社によるツイッター社の買収を見ていると、経営者同士が同意すればその日から合併会社に経営権が移り、合併会社の経営者はその権限を専権的に振るうことができる。時間を無駄にしないという意味では合理的だ。

第10章

ジャスコの経営スタイル

岡田屋の復興からジャスコ誕生・発展の軌跡を見てきた。ジャスコはこの後、第9章でも述べたように、会社名をイオンと変え、流通の多様な分野への多角化、東南アジア等への国際化、そしてトップバリュを中心としたPB開発と、事業の広がりと深まりを増していく。その成長の軌跡を追うことの意味は小さくはないが、ひとまずここで筆を擱く。

第一章の問題提起のところで述べたように、本書の関心は、岡田卓也を中心にジャスコ経営者たちがどのような思いをジャスコ創業に重ねていたか、そしてその思いが各地の商人たちの共感をどのように呼び、どう具体化したかを辿るところにあった。本書を終わるにあたり本章と次章において、これまでの議論を整理し、その意味するところについて若干の考察を試みたい。

1　ジャスコの誕生

わが国の流通革命がスタートしたのは一九五〇年代。その時期を境に、零細小売商中心であった流通世界は少数の大会社が屹立する世界へと変わっていった。その過程において興味深いことは、この革命を引き起こしたスーパーマーケット（SM）業界の覇者となったのは既存の大手流通資本の百貨店や総合商社・専門商社ではなかったことである。

既存の大手流通資本がその機会を、指を咥えて見過ごしていたわけではない。第三章で示したとおり、岡田屋の本拠地である四日市市にも近鉄百貨店や伊藤忠商事などの大手流通資本が、その店舗規模を拡大したり新たに小売分野に進出したりしたというのはその一例である。大手の流通資本も、革命の潮流に乗ろうとしていたのだが乗れなかったというのが正しい。

流通革命を実際に担ったのは、街場の小売商人たちであった。本書で登場する会社で言えば、ダイエーやイトーヨーカ堂、さらにはフタギやシロや扇屋や伊勢甚そしてカスミなどは、その革命の一端を担った小売商である。岡田屋も伝統はあっても実態としてはゼロからの出発だったことを思えばその範疇に含まれるかもしれない。ただ、こうした現実が生まれる背景には、革命の主人公になるべく挑んだものの失敗に終わった数多くの小売商人がいたことも忘れてはならない。「スーッと現れてパーッと消える」と揶揄されたように革命の潮流の中に多くの小売商はその姿を消していった。

それにしても、資本も人材も乏しい街場の零細小売商が、どのようにして既存の巨大流通資本に伍して流通の覇者たり得たのか。この問題は私たちに尽きぬ興味を与える。本書はそれに対するひとつの答えでもあるが、あくまでもひとつの答えでしかない。

さて、そうした激烈な競争を経てひとつの確かな業態としての地位を確立したことで誕生したSM業界であるが、そのことが競争に生き残った各社に安定した立場を保証したかというと、そういうわけではなかった。というのは、時期を同じくしてそれまでの時代にはない大きい社会変動が起こっていたからである。①人口の都市移動と、②自動車の大衆化やニューファミリーと呼ばれた新世代の登場を契機とする消費・購買スタイルの転換であり、さらには、③大型店の出店を規制する法律の成立がそれである。革命の覇を競う激戦を生き残ったSMチェーン群は休む間もなく新たな環境変化への適応のための投資を強いられることになった。

そうした状況のもと、ローカルなSMチェーンの商人たちが互いの信頼を軸に、提携・合併することで成長してきたのがジャスコである。当初は弱小連合であったジャスコだが、その名がイオンに変わる頃には業界トップグループに迫るところにまで躍進した。

ジャスコのそうした成長が可能となったのは、これまで述べてきたように、各地のローカルチェーンを経営する商人たちに連携を呼びかけて仲間づくりに励み、それら仲間の力が結集されていったからである。その点に着目しながら、ジャスコの経営の特質をあらためて整理しておこう。

2　ジャスコの経営

❖連邦制経営体制の構築

合併戦略を中心とするジャスコの経営は、業界を先導してきたダイエーや西友ストアやイトーヨーカ堂のそれとはずいぶん違っている。それら先行したライバル各社では、それぞれの創業者である中内㓛と堤清二と伊藤雅俊がそれぞれの社において大株主として会社のリーダーシップを握り、それぞれのビジョンに沿って、他のだれに特別な配慮をすることなく会社を引っ張っていった。かれらの経営は、①単独単体での経営、②株式所有を背景とする一元化されたリーダーシップ、そして③専権的な組織統制、というやり方である。このやり方は、資本主義経済におけるふつうの会社経営の姿である。

それに対して、ジャスコは連邦制経営の旗印を掲げた。先に述べた大手三社を単一国家に擬することができるとすれば、連邦制経営は連邦国家ないしは連合国家に擬することができる。そして、その旗印のもと、地域法人の積極的設立、共存共栄型のSCの推進、そして徹底した店舗改廃というジャスコらしい戦略が編み出された。それらの戦略が激動する環境と厳しい競合のなか、どれだけ同社に貢献したかについては、繰り返すこともないだろう。

❖公器としての会社の思想

ここで留意したいのは、ジャスコのこの旗印の背景にある経営思想の存在である。それは、本書で繰り返し述べてきたが、「店（あるいは会社）は社会の公器」という思想である。

岡田屋では五代目惣右衛門以来、その思想に基づく経営の伝統が守られたし、小嶋千鶴子は戦中戦後の経営が困難な時期、岡田屋の当主となってその思想に学びながら経営を主導した。そして、二木一一という合併相手のリーダーの志向とも重なって、ジャスコの思想的な屋台骨となっていった。

「店は公器」の思想においては、「会社とは、社会からの預かりものであり、株主や経営者が自由勝手に処分してよいものではなく、現世代を超えた将来の関係者にも配慮してそのありようを考えるべき存在である」と見なされた。ジャスコという会社もまた、経済学で想定される「株主の所有物」でも「経営者の専有物」でも、はたまた「利益産出のための機構」でも、「無機質な資産の集合」にもとどまるものではなかった。同社はある意味で、働くことや生きることの意味さえ紡ぎ出す豊穣な文化的媒体でもあったのである。

本書で紹介した扇屋の安田栄司、伊勢甚の綿引敬之輔、福岡大丸の阿河勝、かくだい食品の近野兼史、さらにはイオンの時代になって参画したカスミの小濱裕正（さらには同社創業者の神林照雄）も、そうした思想を色濃く持った商人たちであった。

会社を社会の公器と見なし、店あるいは会社には世代を超えた意味や価値が存することを信じるというのはこれら商人たちに共通するところだが、同時にそれは小嶋千鶴子が指摘するように、「日本の伝統的経営」のメルクマールのひとつでもある。日本の多くの商人たちは、少なくとも江戸時代の昔から、「店あるいは商家」を、経済単位を超えた意味ないし価値をもつ存在として認識し、その認識に基づいてみずからを律し、店あるいは商家を経営してきたのである。

3　ジャスコの経営スタイル

そうした商人たちの思いが結実して誕生したジャスコは、連邦制経営を高らかに掲げた。そして、参集した商人たちの期待に応えるべく、彼らの力が十全に発揮できる経営体制を準備していった。その経営体制の特徴として、2点挙げることができる。ひとつは「バランスの取りやすい集権・分権的な組織体制の構築」であり、もうひとつは連邦制経営にふさわしい「ガバナンス体制の構築」である。あらためて整理しておこう。

❖バランスのとりやすい集権／分権組織の構築

連邦制経営を掲げるジャスコの戦略的手段となったのは「地域ジャスコ」の制度である。そこでは、本社と店舗とのあいだで組織的な仕事の分担関係が図られた。

各地域ジャスコの店舗経営を現実に担ったのは、当該地域の市場を熟知する被合併会社の経営者たちである。加えて、扇屋や伊勢甚あるいはカスミなどその地域ですでに広く周知されている店であれば、ジャスコの名を前面に押し出すことを避け、「扇屋」「伊勢甚」「カスミ」などといった旧の店名をそのまま用いて店舗営業を進めた。

消費者の目に見える部分は合併以前のままに見えたとしても、消費者から見えない部分は合併によって大きく変わる。ジャスコ本社は、人事、情報システム構築、カード等を含めたファイナンス、さらにはトップバリュ等のPB商品開発など、全店舗営業を横断し支援する、いわば小売インフラ業務を担当した。全店舗を横断するこれらの小売インフラ業務が、合併により増える店舗群を横断して切り出され、そして統合されることで圧倒的な規模の経済性を得ることができる。

その一方で、各店舗の営業は、そうしたインフラ業務が切り出されることで、個々の地域市場に集中でき、地域ごと店舗ごとに大きく異なるはずの顧客ニーズに対して店舗それぞれに一定の自由裁量をもって対応することができる。

そもそも会社経営における組織上のひとつの大事な課題は、一方で規模の経済性を確保しつつ、他方で多様な顧客ニーズに対応することにある。規模の利益を得るためには集権的な仕組みが必要になる一方、多様な顧客ニーズに応えるためには現場に自由裁量を与えて多様性に適応するための分権的な仕組みが必要になる。いかなる組織においても、いわば相反するこの二つの要件に応えていかなくてはならない。

ジャスコでは、この地域法人制度を背景に、集権的に管理すべきインフラ分野は集権的に、そして分権的な自由裁量が要請される店舗営業分野は分権的に、と集権と分権を分野ごとに切り分けて両者のメリットを得ることができるメリハリの利いた組織体制を構築できたのである。

❖連邦制経営のガバナンス体制の構築

ジャスコのもうひとつの経営の特徴は本社のガバナンス体制である。

岡田は、本書でも触れたように「合併したそれぞれの会社の持ち分（シェア）は、合併するごとに低下する」と述べる（岡田インタビュー・二〇一三）。組織における中心的権力は、合併するごとに集中ではなく分散する。これが連邦制経営の核心、と彼は理解する。「成長するごとに自分の持ち分のシェアは低下する」という組織理解は、専権的な経営支配ではなく公平・平等な経営を予期させる。

実際、そうであった。被合併会社の経営者がそのまま被合併会社の経営者として活躍する姿を本書では示してきたが、それにとどまらず、彼ら被合併会社の経営者はジャスコ本体の経営者としても活躍する。ジャスコ本体の役員構成を見るとそのことがわかる。ジャスコ社史（二〇〇〇）から、資料を整理しかいつまんで見てみよう。

㈠　誕生時のジャスコ取締役会においては、合併三社から平等に、二名ずつの取締役が選ばれた。

㈡　その後、ジャスコ三〇年間に、計六二人の新任取締役が誕生した。そのうち第一次・第二次合併の当事者である岡田屋出身の役員は二一名、フタギは一一名、シロが三名で、三社合わせて三五名の取締役が生まれた。総新任取締役に占める割合としては、六割弱になる。

㈢　第三次合併の扇屋と伊勢甚からは、それぞれ五名と三名が新任役員に就いた。そして、扇屋と伊勢甚以外の被合併会社については、その社の出身取締役は九名であった。合わせると一七名であり、この間の総新任役員数の割合で言うと、三割弱になる。

㈣　ジャスコの経営トップの会長・社長の構成もバランスがとれている。ジャスコ初代会長には「フタギ」の二木一一が七〇年から七六年まで七年間就任。続いて二代目会長には「扇屋」会長の安田栄司が七六年から七八年まで三年間就任。その後は岡田卓也が就任。また、取締役社長には、初代は岡田卓也が八四年まで一五年間就任。その後「フタギ」の二木一一の長男の二木英徳が九六年まで一三年間就任。

経営陣の構成の経緯を見ると、遅れて合併した会社の経営者も、ジャスコ本社の経営陣として活躍する立場が与えられたことがわかる。

❖ジャスコの経営スタイル

さて、以上、ジャスコの経営スタイルを特徴づける要素として、①「公器としての会社（世代を渡る価値）」「心と心の合併（商人同士の信頼関係）」の理念。②その理念から生まれた連邦制経営の旗印と地域ジャスコの戦略、③店舗と本部との組織的分担関係、そして④それらを支える経営ガバナンスについて述べてきた。ジャスコの経営スタイルとして、それらを一図にまとめると**図表12**のようになる。

この図は、理念をベースとして、その上に戦略／組織／経営ガバナンスが整合的に組み立てられていることを示唆するものである。

あらためて流れとして説明すると次のようになる。

〔図表12〕ジャスコの経営スタイル

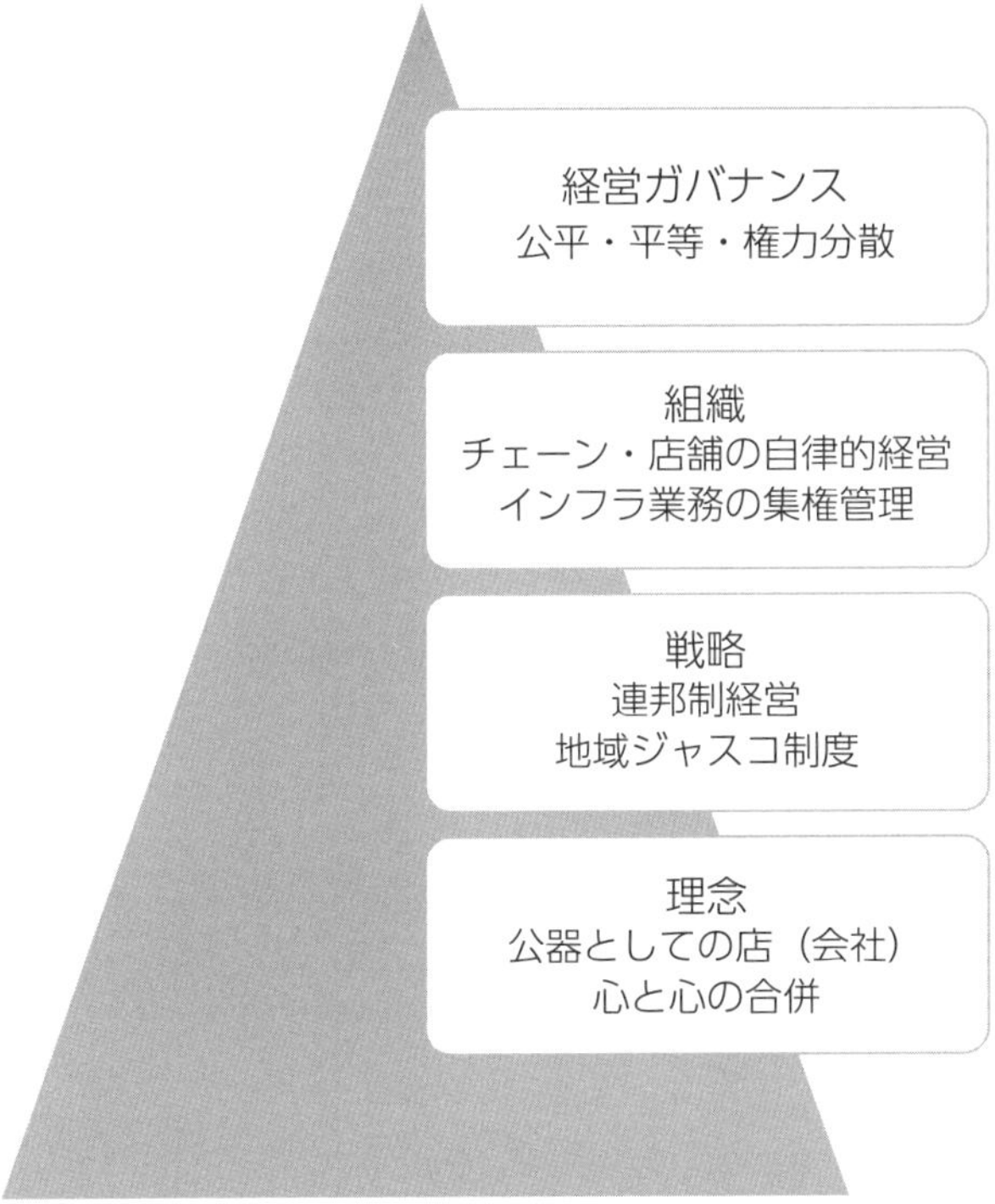

①「公器としての店（会社）」ないしは「世代を超えた店（会社）の価値」という経営思想がジャスコ誕生にあたって、「心と心の合併」という商人同士の信頼関係の重視という基本的方向づけを生み出した。

② その方向づけが「連邦制経営」という会社理念となり、それをベースに「地域ジャスコ」の戦略や制度が育まれた。地域ジャスコへの取組は、大型店出店規制の法制下にあって、とりわけ有効に働いた。

③ そして、それら戦略を支えるべくローカル・チェーンおよび店舗の自律的な経営体制

が構築された。同時に、集権的な志向が働きやすい本部体制もつくられた。それにより、二つの効能が生まれた。第一に、各店舗（ないしはチェーン）経営の自律性を確保して、地域・市場毎の多様性に応えたこと。そして第二に、インフラ部門で本部集権体制を構築し、喫緊の課題であった店舗改廃戦略の実行を支えたこと、である。

④ 理念／戦略／組織と言った各要素を支えるべく、公平・平等を担保する本社における経営ガバナンス体制が整備された。

こういう過程として理解できる。

留意したいことは、「公器としての店」の思想が受け継がれたといっても、思想が純粋なまま変わることなく受け継がれるわけではないことである。新しい意味が追加され、時代にふさわしいやり方が生まれて、思想は受け継がれていく。創造的な適応と呼ばれる様相にほかならない。

❖時代の要請に応える店舗改廃の取組み

以上のような経営スタイルを確立することで、積極果敢な店舗改廃戦略に取り組むことが可能になった。前章で述べたように、七〇年代当時の日本全体を覆う急激な人口移動と自動車利用そして新世代の登場は、日本人の消費・購買行動を大きく変化させた。その直接的な影響を受けたのは、誕生したばかりのＳＭ業界であった。ジャスコはそうした変化に徹底した店舗改廃の取組みで応えた。

その取組みは、合併で次々と傘下に入ってくる店舗群に対しても変わることなく実施された。それらの店舗は、もしジャスコと合併せずローカルで小規模なチェーンのままにとどまっていたら、十分な策も打てないままこの世界から消滅したかもしれない。ジャスコの傘下に入り、拡大した資本力や強力になった小売インフラサービスの支援を受け、さらにはジャスコが第一優先として取り組んだ店舗改廃戦略によって、それらの店舗は再生することになったわけである。その意味では、ジャスコはまさに、みずからを救い業界をも救う、いわば時代の要請に応えるべく誕生した会社であったと言ってよいだろう。

第11章

公器の理念がもたらす静かなる革命

岡田卓也とジャスコの歴史を見ていくうえで、①比較企業者史の視点と、②商人思想史の視点の二つの視点を置いた。本書を終えるあたり、その視点に沿って理解を深めたい。まず、比較企業者史の視点から始めよう。

1　静かなる革命～比較企業者史の視点

岡田卓也の企業者としての事績を、まったくの白地の上で特徴づけて見るのは一般的に言って難しい。そこで、同時期に同じように流通革命のリーダーとして活躍した中内㓛の事績を比較対照させながら、その特徴を際立てるというやり方を用いた。その事情は本書第1章で述べたとおりである。岡田のジャスコにおける事績を理解できたいま、両者の企業者としての特徴はあらためて次ページの**図表13**のように要約できる。

この比較表をベースにそれぞれの企業家としての性格を整理しておこう。

①　中内流の雄々しい革命

表に沿って、まず中内の企業者としての特徴を、見てみよう（石井・二〇一七a）。

彼は、「顧客のために（フォア・ザ・カスタマー）」を唱道し志向した。ちなみに後に、流通科学大学を設立しその理事長職に就いたときも、中内から出てくる言葉は「フォー・ザ・ス

〔図表13〕岡田卓也と中内㓛：二人の企業家の特徴比較

	ダイエー・中内㓛ｌ	ジャスコ・岡田卓也
基本姿勢	伝統とは断絶した革新	伝統の中での革新
志向	フォア･ザ･カスタマー	商人同士の信頼関係
依拠した理論	流通原理主義	日本的経営 公器としての会社
戦略	ファブレスメーカー 圧倒的売場規模の確保 チェーン至上主義	合併・提携による成長 ローカルスーパーを支える
組織	衆議独裁制 集権的管理の徹底	連邦制経営 人材の活性化

チューデント」であった。ダイエーのときからは「カスタマー」が「スチューデント」に変わっただけである。顧客第一主義は、生涯を通して中内の心の中に刻み込まれた言葉であった。そして「顧客のために」というその言葉は、当時消費財流通を支配していた大手メーカーに対するダイエーの対抗のための基点ともなるものであった。それは、「民衆のために！」という旗印の下、被支配階級が支配階級を倒して体制の根本的変革を図った革命（たとえば、フランス革命やロシア革命）を、そして結果的に血で彩られた革命を思い起こさせる。

　中内はそのことを理解していたのだろう。彼がこの世界に参入した昭和三十年代のわが国の消費財流通のありようを、「大手寡占メーカーに支配された体制」と理解していたのだと思う。確かにその当時、トヨタや松下電器や資生堂や花王やキリンビールなどのわが国の消費財大手メーカーは、自身の製品の流通経路を系列化し、彼らの市場に向けた意思を貫徹できる体制を構築していた。流通系列化と呼ばれた流通体制である。
それらメーカーは、自身の系列化した経路に所属する流通業者に対しては、他社製品の扱いを禁止したり、自社製品の優先的な取り扱いを強制したり、再販売価格を守るよう指導したりしていた。[1)]
そうした体制に反旗を翻したのが中内だった。彼は、大手メーカーによる支配と強制の流通体制から、自由と民主主義の流通体制へ変革するという使命感を隠すことはなかった。[2)]
彼の変革に向けた闘いは壮絶なものとなった。先に述べたように、松下電器や花王などの大手メーカーは、卸売り業者や小売業者に対して再販売価格を指示しその水準を維持させようとしていたが、中内は「価格はダイエーが（あるいは消費者が）決めるのだ」と、その指示を拒否した。結果としてダイエーでは、松下電器や花王の商品の取り扱いが何年ものあいだできなくなった。
そうしたメーカーによるあからさまな流通介入を避けるべく、みずから製造部門に進出し、プライベートブランド開発に取り組んだ。彼は最終的に「ファブレスメーカー」を目指すことを宣言した。
そうした既存の流通体制への抵抗の果実を得るために、なにより圧倒的な売場を確保してメーカーに対する強力な交渉パワーを手にする必要があった。そのために、店舗拡大と新規出店とを他のどのライバルよりも急いだ。まずもって個々の製品のチェーン全体での販売量を拡大し、それでもって仕入れ量の拡大を図り、メーカーに向けて強力な仕入交渉パワーを発揮しようと考えたのである。しかし、それはある意味で、「個々の店舗は全体のチェーンのためにある」と言わんばかりの「チェーン至上主義」の考え方を誘発することにもなった[3]。

彼のそうした目的や戦略の背景には、「流通こそがすべての経済活動の基盤である」という独特の流通原理論があった。その原理論は、「与えられた市場において、錯綜した細い流れにたとえられるそれまでの流通取引関係を、太く短い取引関係へと簡素化する」といった、流通研究者たちが当時主張していた（そして一般に流布している）「流通革命論」（中内は、それを「流通簡素化論」と呼んだ）に強く異議を唱えるものであった[4]。

その原理論にしたがうかのように、中内自身も、小売業にとどまることなく、小売業を軸としてさまざまな事業を展開した。食品・日用品・家庭電器製品などの製造にとどまらず、サービスやエンタテインメントやまちづくりといった分野にも積極的に進出した。そして、最終的にはその理論を教育・研究の基礎としたいという期待を込めて、流通科学大学の創設にまで至ったのである（石井・二〇一七）[5]。

こうした大きい夢をもった中内は、会社組織においても自身の意思や決定が直にかつ即時に通じるような組織体制を志向した。

第一に、「衆議独裁」という組織のありようを強調した。議論は尽くしても意思決定は最後、トップひとりが決めるべきだという理屈である。もう一つは組織末端までトップの意思が貫徹する集権的な管理体制である。[6)]

チェーンを志向する組織にあっては、チェーン管理の要諦として、本部一括集中仕入れ体制の確立が必須であったので、中央集権的な体制になる土壌はもともと存在した。だがその一方で、各店舗の市場需要はそれぞれの地域の固有の文化を反映して異質であり、品揃えを全国で標準化するのは難しいという事情もあった。ダイエーはその需要の異質性の困難を克服し、本部主導体制を貫徹・確立しようとした。たとえば、新店舗開業にあたっては、本部が店頭の売場配置だけでなく、各売場の商品の品揃えまで決めると言われていたほどに強力な本部を構築しようとした。[7)]

こうした特徴をまとめて整理したものが先の**図表13**の中内の欄である。

② 岡田流の静かなる革命

中内ダイエーのそうした、いわば「雄々しい革命」への志向に対して、岡田ジャスコの志向はどのように位置づけできるだろうか。ジャスコの概要についてはすでに先のまとめのところで示してきたので、あらためて詳しく触れる必要もないだろう。

先の図表13に沿って言えば、次のように整理できる。

① 中内が既存の伝統とは一線を画した非連続的革新の色彩が濃かったとすれば、岡田の場合は、岡田屋をはじめとする日本の商人たちが育ててきた「伝統」のなかで（伝統を活か

しながら）の革新であったこと。

②　商人同士の信頼関係の継続を志向したこと。ジャスコにおいては，商人同士の信頼関係は，いわば成長のためのかけがえのない資源となったこと。

③　「公器としての店」という日本の伝統的な経営思想を重視し実現しようとしたこと。（これについては第二の視点のところで述べる）

④　戦略としては，合併を通じての成長を図ったこと。そして地域生活者の代弁者でもあるローカルスーパーを支えると共に，「情報システム／カード・ファイナンス／PB製品開発／人材育成」といった小売業インフラ部門を充実させたこと。

⑤　連邦制経営を掲げ，人材の活性化に心を砕いたこと。

二人の実績をあらためて比べてみると，中内は，既存の伝統を何もかも一掃してしまう欧米流の「雄々しい革命」であった一方，岡田はそれとは対照的な「静かなる革命」であったと言えそうだ。

ここで，「静かなる革命」とは，既存の秩序を活かしながらの革命を意味する。たとえば，地域の生活者が育てたローカルスーパーの知恵や方法をそのまま活かしながら，生活者には見えないインフラ部分で必要な革新を図るというのは，そのわかりやすい例である。図式化すれば，次の**図表14**のようになる。

地域ごとに異なる生活者ニーズがまずある。彼ら生活者の代弁者として生まれ育ってきたの

〔図表14〕ジャスコの連邦経営のサイクル

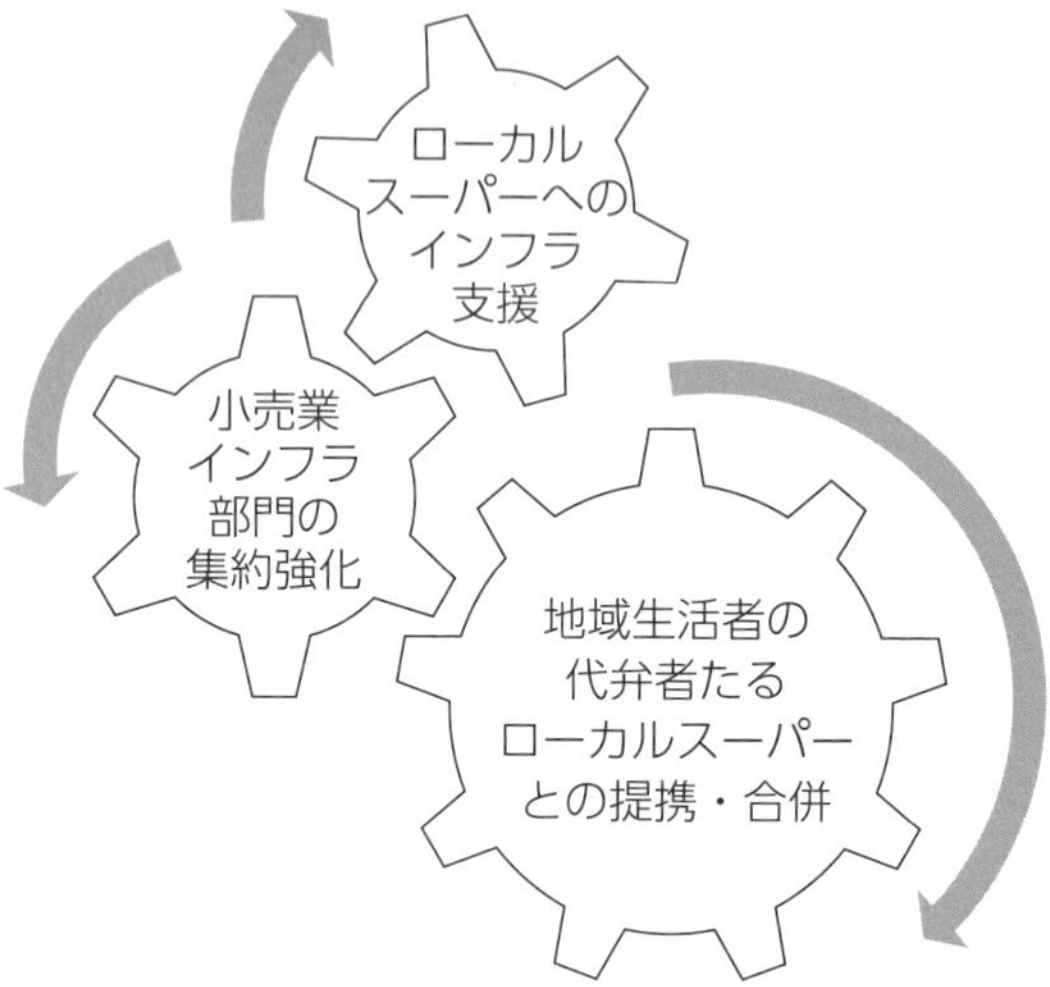

がその地のローカルスーパーである。ジャスコは、そうしたローカルスーパーと提携・合併し、チェーンとしての規模拡大を図る。その一方で、当該スーパーの経営者にはそのまま店舗経営を任せて、その地域生活者のニーズに十全に応える。他方、ジャスコ本体は拡大した規模を活かして小売業インフラの強化を図る。その強化されたインフラサービスは、あらためて各ローカルスーパーを支える力となり、地域の生活者ニーズに力強く応えることになる。こういうサイクルを岡田は志向していたことを、この図は示している。

中内と岡田。両者ともに日本の流通の姿を大きく変貌させ、日本の消費者にそれまでになかったベネフィットを提供することに大いに貢献した。日本の流通は、彼らがこの業界に参入した頃からみれば、様変わりに変容した。その変容ぶりは革命と呼んでいいのだろう。

しかし、革命というと、欧米世界で見られるような支配者がまったく入れ替わり、体制が根本的に変化する非連続的な革命が思い浮かびがちである。しかし、それとは対照的に、伝統や秩序をある意味で活かしながら進められる革命もある。それは，欧米流の荒々しい革命に対照させて言えば，「静かなる革命」と呼ぶことができよう。

静かなる革命とは，ある意味で日本流の革命とも言える。

日本には，「老舗《しにせ》」と呼ばれる会社がある。代々続いて同じ商売をしている格式・信用のある会社を言う。それらの会社は，自身の伝統や業界の秩序を大事にしながら，数百年，生き続けてきたのである。しかし，だからといって，旧態依然とした姿のままで生き残ってきたわけではない。自身そして自身が属している業界の体質や性格はその数百年のあいだに，当然のことながら大きく変わっている。伝統を守るだけでなく，それを巧みに活かし，革新を続けてきたのである。それが，「格式と信用をもつ老舗」と言われる由縁である。そうした手法や考え方は，現代においても生きていると思う。そのことを岡田はみずからの実績を通してわれわれに教えてくれている[8]。

2　公器の理念〜商人思想史の視点

ジャスコの歴史を見る二つ目の視点は，商人のあいだで受け継がれてきた思想史の視点であった。それは「公器の理念」と呼べるものだが，ジャスコ存立の基軸ともなるものであった。その理念の，役割とその背景について，順に述べていこう。

①「公器」の理念は支配者の権力を抑制する

この理念の役割は、店や会社が長期にわたって存続するうえで役に立つということに尽きる。二つの理由が考えられる。そのひとつの理由は、力を持った所有者・権力者の専横を抑制できる点にある。

第2章で、小嶋千鶴子の経営思想を探った。そのとき、彼女は「会社は公器」の思想を日本の経営の伝統とし、石門心学と共に住友家の家訓を取り上げた。

繰り返しを厭わず言えば、住友家では、「店は公の存在」と考える気風が強かった。その理由は、ひとつには店はその所有者である同族連中の所有物ではあるが、その行動は家憲によって規制されていたこと、そしてもうひとつは別家や番頭のような経営者も丁稚など従業員も同じように住友家の構成員として見られていたこと、である。

住友家の絶対権力者である家長や同族連中が、家の決まりによってその権力行使を抑えられていたことが重要である。成功した権力者であればあるほど、自身の富を誇り、力を誇り、あるいは賢さを誇る。みずからを絶対視してしまうのだ。そうして滅んでいった多くの国や組織があったことは我々のよく知るところである[9)]。

それに対して、「店は公器」と規定することで、権力者がみずからを絶対視することで生まれるリスクを最小化できる。これが公器の理念のまずもって期待される役割だろう。

②　公器であることで社会からの広い支持を得る

期待される役割のもうひとつは、社会からの広い支持を受け取ることができることである。

小嶋千鶴子（一九七七）は、経営者には道義的責任があると言う。彼女が言う道義的責任のひとつは、顧客に対する責任である。たとえば、営業時間が朝の九時から夜八時まで、休日は水曜日というように決まっていたとする。その決め事は店と顧客とのあいだに結ばれた「暗黙の契約あるいは合意」になる。店側で、勝手に休日を変えたり、早仕舞いして終業時刻を変えたりすると顧客は失望する。

この種の暗黙の契約は、もちろん営業時間だけではない。店にある商品の品揃えや価格帯、さらには業種や業態についても、顧客とのあいだに暗黙の契約がある。高級品を扱っていたはずの店が突然、大衆品中心の店に変更したりすると、顧客は店を離れていく。

この契約・合意の相手は顧客だけではない。同業者、地域の人々、取引仲間等々に対しても暗黙の契約／合意を結ぶ。結んだかぎりは、経営者はそれら約束事を果たす責任をもつ。千鶴子に言わせると、「社会全体のため、また隣人のための責任を果たすことによって、企業は社会的認知を受け多くの人々に支えられていくことになる」（小嶋・一九七七）。

まさに「店は社会からの預かりもの」「店は社会によって生かされている」というわけである[10]。

たとえば、「会社は株主の所有物である」と考える経営者においては、その会社の目指すものは株主に還元する利益以外にはない。そのかぎりで曖昧模糊とした「顧客や社員や社会や将来世代と交わした暗黙の合意や契約」などは考慮に入ってはこない。

他方、「公器としての店」を考える経営者は、小嶋と同様、広く社会との暗黙の契約／合意のもとに会社が存在すると考える。そうなると、社会との信頼関係の構築が応えなければならない課題として浮上する。

たとえば、市場に向けては、顧客の信頼に応えるべく微細なところまで気を配った丁寧なものづくりや、顧客の心の襞に潜む思いや要望にも応えようとするマーケティング活動がその会社では試みられるだろう。利益至上主義の会社ではとても利に合わないこうした活動も視野に入ってくる。また、社会に向けては、さまざまな社会貢献活動も自然と試みられるだろう。この関係を図にしておこう。

次ページの**図表15**は、広がりをもった暗黙の合意／契約を結ぶ会社では、顧客や社会に対する信頼の構築がなによりも重要な仕事になり、そうした信頼を高めるための技術や技能が重宝され、広く社会貢献活動にも注力するようになる可能性が高いことを示している。

実際、ジャスコにかかわって言うと、多くの社会貢献活動が行われている。第3章でも触れたが、ジャスコの前身にあたる岡田屋では戦前から積極的に社会貢献に取り組み、戦後も風樹会を設立し育英資金を三重県の修学困難な学生たちに給付した。また、一九七九年には「岡田文化財団」を設立し、三重県における芸術・文化の発展と振興に努めた。

フタギは、「二木育英会」を設立し、姫路市及びその周辺地域出身の高校生及び大学生（大学院生を含む）のうち経済的理由で修学困難な学生に対する奨学金の給付及びその他の奨学支援事業を行った。また、かくだい食品の近野兼史やカスミ創業者の神林照雄も、その創業の地において奨学金制度を設け、それぞれ「財団法人近野教育振興会」や「神林留学生奨学会」を設立している。

〔図表15〕公器の志向で深まり広がる社会との関係

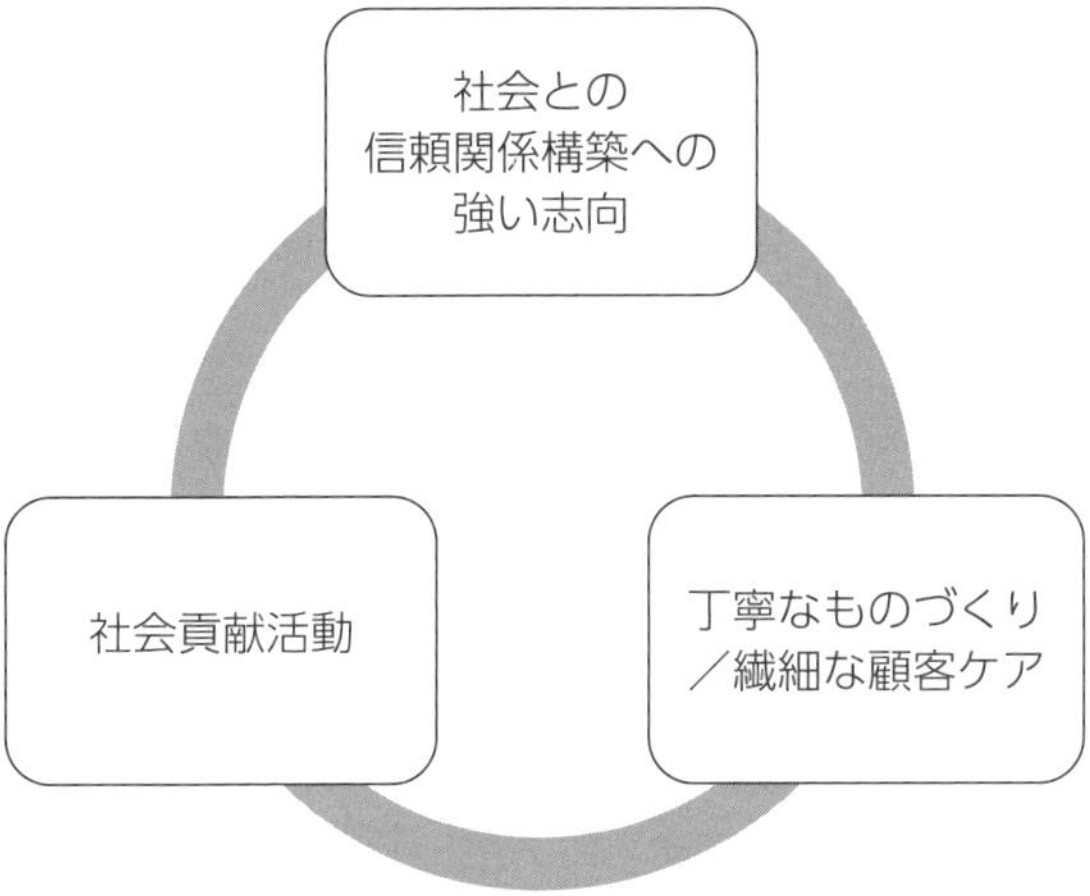

ジャスコ自体でも、一九七七年に「ジャスコ社会福祉基金」の社会活動を発足させた。これは、重度心身障がい児（者）福祉施設への助成を主たる目的とした基金である。原資を会社と従業員が折半で拠出している。各施設への寄付のほか、お花見への招待、店舗見学、クリスマスの施設訪問など手作りの運動も実施した。

グループ名がイオンに変わった一九八九年には、当時ジャスコ会長であった岡田の提唱により、会社としての社会的責任を果たすべく現「イオン一％クラブ」が設立された。同クラブでは、その事業の継続的活動のために、業績にかかわらずグループ主要企業各社が税引き前利益の一％を拠出する。そして、「環境保全」や「国際的な文化・人材交流、人材育成」や「地域の文化・社会の振興」を柱として、社会貢献事業を進めようとするものである（イオン環境財団・二〇二二）。

そして同年、岡田は、日本で初めての地球環境をテーマにした企業単独の財団・現「公益財団法人・イオン環境財団」を設立した。岡田はみずから、財団基金としてイオンの株式三〇〇万株を提供した。同様に、役員の二木英徳と安田敬一も多額の株式や資金を提供した。同財団はその基金をもとにして、さまざまな環境活動を進めている。

森づくり（植樹活動）はひとつの大きいテーマとなった。「東日本大震災からの復興ための森づくり」をはじめ、中国や東南アジア諸国での「森再生への取組み」がボランティアの支援のもと実施されている。この結果、アジアを中心とした世界各地で植樹した本数は、二〇二三年二月末時点で、累計一二二五万本を超えた（イオン環境財団サイト　https://www.aeon.info/ef/）。

また、社会貢献活動の範疇には入らないが、社会的に意義のある活動も、ジャスコ関係者のなかに見出せる。扇屋の安田栄司が研修塾を開いて自身の経営ノウハウを広く業界人に伝えたことや、ジャスコの岡田が東北の雪深いショッピングセンターの開発依頼に快く応えて協力したことも、社会との暗黙の契約に応えたものと言えるだろう。

ジャスコに参集した商人たちが、このような社会貢献活動を進めたのは偶然ではない。彼ら

▲1998年第1回万里の長城植樹

▲2013年インドネシア植樹

には、税金を納め雇用を確保すること以外にも、社会の多様な期待に応えようとする思いが潜んでいる。その思いは、みずからの会社を公器と見なしていることのひとつの現れでもあるだろう。

③ 社会の広い層に及ぶ「店は公器」の理念

ジャスコは、「店は公器」と考える商人たちを呼び寄せる媒体となった。しかし、「店は公器」と考える商人は日本には彼ら以外にも数多くいる。そのことを最後に述べておきたい。

たとえば、「商業界」を主宰した倉本長治は、「店は客のためにある」という商人倫理を商人たちに提唱し続けた。「昭和の石田梅岩」という彼に対する評価も、むべなるかなである（倉本初夫・二〇〇五）。また、喜多村実も、「人づくりの経営」「人間尊重の経営」を唱えるとともに、一般社団法人公開経営指導協会の理事長として商人たちに経営公開することの意義とそれに伴って得られる社会的信頼の大事さを説いた。

そうした商業倫理の啓蒙家たちの活躍の一方で、そうした啓蒙家の教えを素直に受け入れ、さらには彼ら啓蒙家を支援し続けた岡田や二木を筆頭とする多くの日本の商人たちがいたことに留意したい。箱根で開催される商業界の会議には三〇〇〇人もの商人が集まったと言う。

また、上記二人の啓蒙家が多くの商人たちにその倫理を説き始めたのは、戦後間もなくの時期であったことにも興味が惹かれる。出版社である商業界の設立は一九四八年であり、公開経営指導協会の設立は一九五二年である[11]。まだ戦争の傷も癒えておらず、ほとんどの人が貧しかった時代である。そんな時代に、「店は社会からの預かり物だ」「自分の利得だけに拘るな」という商人倫理が商人たちのあいだで受け入れられ浸透したというのは、ある意味で驚きでもある。

こうした活動の背景には、日本の商人たちの心のなかに、「店は公器」「店や商売を私物化しない」「店や会社には世代を超えた価値がある」といった、自分の利得へのこだわりを越えていこうとする思いが潜んでいた、と考えるのが自然だろう。

日本の商人たちにこうした公を志向する倫理観が広がっているということは、筆者のこれまでの調査研究からも推察できることである（石原武政・石井淳蔵・一九九二、石井・一九九六）。ここでは、そこで得た街場の商人たちのちょっとしたエピソードを紹介することで読者の理解の一助にしたい。

「街づくりのマーケティング」

ずいぶんと前の話になるが、わが国の小売商業については、「政府の保護の下、旧態依然たる家族経営を続ける零細小売商」というネガティブなイメージが（少なくとも学界では）支配的だった。それに対して、実際に商業活動の現場を訪問し商人たちの意欲的・革新的な商店街活動や地域商業振興活動を浮き彫りにすることで、そうした思い込みを問い直そうとする調査・研究を試みたことがある。平成の時代に入った頃のことである（石原・石井・一九九二）。北海道から沖縄まで、多くの商店街を訪問し多くの商人たちに会って話を聞いた。そのときの話のなかから、「日本の商人らしさの原風景」と思われる話を二つ紹介したい。

ひとつは、明治維新以来という九州の由緒ある有名商店街の洋服屋の主人の話だ。彼は商店街における世代交代の必要性を強調した。「この商店街の若手の多くは、東京の大学を出て店を継いでいる。彼らは、東京に仕入れに行ったときも会社に勤めている大学の友人に会って新しい情報を仕入れてくる。旧世代の親父連中が東京に仕入れに行くよりよほど店のためになる」と言うのだ。

彼のこの言葉からは、①商店においで世代をわたる承継がふつうの姿として定着していること、②世代交代を望む若手経営者のあいだに連帯があること（実際、彼の商店街をはじめ多くの商店街には継承予定の若手のための「青年部」が組織されている）、③店舗の承継者は、単に旧来のやり方を受け継ぐだけでなく新しい道を切り開く意欲を持っていること、とそうしたことを確認できるだろう。

もうひとつの話は、京都で伝統的調理器具を商いする商人の話だ。彼は、自分の店を息子が継ぐことになり「ホッとした」と喜ばれていた。跡継ぎができたことを喜ばれているのかと思ったが違った。

続けて、「これで、取引先の皆さんにご心配をおかけすることはなくなります」と言われた。

自分の店は、自分のため家族の生活のための店なのだろうが、彼にとって店はそれだけの存在ではない。昔からの取引仲間がいて、その取引仲間あっての店だという強い思いがある。だから、彼にとって店は、彼の所有物ではあっても、彼が勝手に処分してよいというものではない。彼の私的な資産というだけでなく、いわば社会（取引仲間）の共同資産として理解しているのである。

いずれも三〇年も前の話だが、その当時の日本の小商人たちの商いへの思いや姿勢を窺い知ることができる。それはつまり、①街の商人たちの世代間の関係、②街の商人同士の関係、あるいは、③取引先とのあいだの関係といった彼らを取り巻く経済的・社会的諸関係をなによりも大事にしようという思いや姿勢である。

彼らにとっては、自分や家族のためだけの「店」ではなく、①「街のために」、②「一緒に業界を成り立たせている取引仲間のために」、あるいは③「お客さんのために」という「公」に向けた思いが潜んでいる。

こうした「公」に向けた倫理観（そしてそこから導かれる規範）が、多くの名もなき日本の小商人たちのあいだに広がっている。さらにはそれら小商人たちに共感する（商人ではない）ふつうの日本人も、多かれ少なかれ同じ倫理観を持ち続けているのではないだろうか。そう考えると、そうした倫理観や規範は、「社会において共通するところの意思」と言えそうだ。

④ 公器の理念の背景

以上述べてきた日本の商人たちの「公器の理念」の背景について、一言述べて終わりたい。日本の商人たちのあいだには、「店」や「商家」や「会社」に対して何か時空を超越した他に代替できない価値を帰属させ、そしてそれを自身にとって大切な価値として尊ぶ志向がある。無機質なモノやコトであるはずの店や家や会社という存在物の背後に、価値ある何かを感じとる鋭敏な、そして人生をより豊穣なものにする感覚をジャスコに参集した商人たちを筆頭にわが国の商人たちはもっている。

哲学者の西田幾多郎（一九二七）は言う。

「幾千年来我等の祖先を孚《はぐく》み来《きた》つた東洋文化の根柢には、形なきものの形を見、声なきものの声を聞くと云つた様なものが潜んで居るのではなからうか。我々の心は此の如きものを求めて已まない、私はかゝる要求に哲学的根拠を与へて見たいと思ふのである」と（ルビ・傍点筆者）[12)]。

ジャスコに参集した商人たち、そして広く日本の多くの商人たちには、西田が言うところの「形なきもののかたちを見、声なきものの声を求めてやまない」感覚が働いている、とそう考えると辻褄が合う。

無機質な物事であっても、その背後にある価値や意味を見出そうとする感覚を持った商人たちは、自分たちの店をたんに利益獲得のための無機質な装置に短絡させて理解することはない。彼らは、店や会社を社会から預かった公器と意味づけし、そしてそこにみずから遵守すべき規範を創り守り育てる[13]。

そう考えると、あらためてジャスコとは、西田いわく「形なきものの形を見、声なきものの声を聞く」という感覚を通じて生まれてきた日本の商人たちの精神の結晶のように見えてくる。ジャスコは、まさにそうした感覚を現実化する媒体でもあったのだろう。

注

1）系列化に対する中内のこの見方はマルクス経済学の色彩が濃い。当時はこの見方が日本商業学会主流派の見方でもあった。

2）ついでながら言えば、彼は大正デモクラシーという社会的空気のなかで育ち、彼にはロマンティスト・自由主義者の姿も垣間見ることができる（石井・二〇一七a）。

3）中内切の「個店はチェーンのためにある」という考え方は、「チェーンは個店のためにある」という第9章に出てきた小濵裕正の考え方とは対照的である。この問題については、石井（二〇一七b）を参照のこと。

4）流通は、単に取引を簡素化し効率化するという役割に限定せず、経済の基盤自体を創り出す力をもつという理解は、中内にとどまるものではない。日本経済近代化の役割を担った渋沢栄一や、鉄道を軸とした世界にない事業群を創り出した阪急創業者の小林一三にも見られる（石井・二〇一七a）。

5) そのことは、中内が流通科学大学を創設したときの思いとも重なる。彼の思いは、流通（科学）学部設立にあった。ふつうは、商学部や経済学部があって、そのなかに流通論があると考える。多くの大学ではそうなっている。しかし、彼はその体制に満足できず、流通学部のなかに経済学や商学や経営学やマーケティング論があるべきだと考えていた。だが、彼のこの考えは当時の文部科学省には通じず、「流通（科学）学部」の設置は認められなかった。

6) この衆議独裁の考えは当時二木一一がフタギにおいて掲げていた「多数経営」の考えと対照的だ。多数経営とは、第5章で触れたが、「週一回の幹部会議で二木の意見と食い違いがある場合は、幹部会議の議決を優先しそれに従う」というものである。このフタギとダイエーが合併しようとしたことがあったというのだからわからないものである（中内力・二〇〇四）。しかし、もしそうなっていれば、ジャスコもイオンもなかったことになる。

7) 一九八〇年代後半、デジタル技術によるネットワーク形成が試みられた時代。ダイエーはどこよりもその技術の導入を急ぎ、店舗の売場の情報を本社の情報本部に繋ぐことを試みた。「店舗で今日、何がどれだけ売れたのか」を掴むことができれば、それが明日の売上の予測につながり、明日の店の品揃えを本部で事前に決めることができる」という考えがその背景にあった。ダイエーの強い中央集権的志向を表すひとつの例だろう（石井・二〇一七a）。

8) 老舗会社の進化のメカニズムは、生命がみずからのアイデンティティを失うことなく、成長・進化する姿と重なる。たとえば、昆虫は蛹から蝶へ進化する。人間も日々、細胞は入れ替わるがアイデンティティを失わず成長する。そうした姿を思い起こせばよい。生命・生物のそうした成長・進化のメカニズムはオートポイエーシスという名で呼ばれる。詳しくは、石井（二〇二二）を参照のこと。

9) いろいろ議論があるところだろう。ここでは、神学者の滝沢克己（一九七三）の主張が参考になる。「開化された近代の人間は、口に『自由・平等・博愛』を唱えながら、人間の存在そのものにかかわる根本的な感覚を欠いているため、人間の働きの正しさ・高さ・大いさ以外、心から拠り頼むべき何ものも見いださない。そしてそのいきつくところ、そのいうところの「自由」は、その最も奥深い芯のところで、物心両面の自己の持ちものに対する人間としての度を超えた欲求、「平等」は他に対する侮蔑と嫉妬に満ちた競争、「博愛」はその競争における勝利を妨げるよりむしろ助けるかぎりでの施しとして現象として、実現せざるをえない」と。「自由・平等・博愛」の精神は人類が掲げた高貴な理想だが、「自由は放埒に」、「平等は侮蔑と嫉妬に」、そして「博愛は勝利を生み出すための手段としての施し」になってしまう機制が働くというのである。滝沢のこの主張のポイントは、「人間の存在にかかわる根本的な感覚」を保持し続けることができるかどうかというところにある（滝沢・一九七三）。

10）　こうした「社会から商人に課せられる暗黙の責任と役割」という商人が持つ思いは、石田梅岩に倣って言えば、「商人に対して天から与えられた使命」ということになるだろう。

11）　今では「商業界」という雑誌も会社もない。だが、結城義晴氏を中心として「商人舎」が商業界の思いは引き継がれている。『商人舎』（二〇一六）では、「店は客のためにある」という倉本長治のことばをテーマに特集号も組んでいる。

12）　西田のこの主張を発展させて、木村敏（一九八七）は、「モノとコトとの存在論的差異」を明らかにし、日本人のもつコト志向を浮き彫りにする（石井二〇二二）。また、山本七平（一九八一）は、直接西田に言及してはいないが、欧米のそれと比較して、日本人が物事の背後になにか価値あるものが臨在するという意識を持つ性向を浮き彫りにし、その性向を「臨在感的把握」と定義する。この臨在感的把握の概念を用いて、日本人社会に独特の「場の空気」の生成が説明される。余談だが、山本七平は、日本人のもつそうした過剰な感覚が日本社会において無責任な経営体制や国家体制を生み出す元凶になると指摘する。なお、西田と山本のこうした議論を関連づける論考として、滝沢克己（一九七三）がある。

13）　加護野忠男（二〇一四）は、経営学を定義して、「よいことを上手に成し遂げる方法を探求する学問だ」と言う。ただ、経営学の探求は「上手に成し遂げる方法」つまり実証的経営学に片寄っていて、「経営において『よいこと』とはなにか」、あるいは「経営にとって正しい目的とはなにか」についてはあまり探求が進んでいないと言う。この後者の経営学を、加護野は「規範的経営学」と呼ぶ。その伝で言えば、本書における「会社は公器」の議論は、規範的経営学の範疇に入るものだろう。

年譜

	岡田卓也略歴	会社（岡田屋／ジャスコ）略歴
1925年	岡田卓也生まれる	
1932年	四日市市第一尋常小学校入学	
1938年	富田中学（現四日市高校）入学	
1943年	早稲田大学入学	
1945年	入隊そして復員	
1948年	早稲田大学卒業	
1950年	高田保子と結婚	
1954年	四日市市商工会議所商業部会長就任	
1956年	商店連合会会長就任	
1958年		四日市駅前にオカダヤオープン
1959年	1か月間の米国視察	
1963年	四日市市商工会議所副会頭就任	オカダヤ、チェーン展開本格化
1966年	「東レサークル」副会長就任（会長は二木一一氏）	
1967年	フタギとの合併交渉スタート	
1968年	岡田屋・フタギ新会社設立準備委員会設立	
1969年	岡田屋・フタギ・シロ三社の共同出資による本部機構ジャスコ株式会社設立	ジャスコと三菱商事共同出資でダイヤモンドシティ設立

	ジャスコ厚生年金基金設立	企業内大学ジャスコ大学開講
１９７０年	ジャスコ株式会社代表取締役社長就任	第一次合併（岡田屋／フタギ等） シロ、京阪ジャスコに商号変更 ダイヤモンドシティ一号店開業 中国ジャスコ設立
１９７２年		第二次合併（やまてや、京阪ジャスコ等）
１９７３年		第三次合併（三和商事、福岡大丸、かくだい食品、マルイチ等）
１９７４年		ジャスコ、東証・大証・名証上場
１９７６年	日本チェーンストア協会会長就任	
１９７７年	日本小売業協会副会長就任 ジャスコ社会福祉基金設立	伊勢甚・伊勢甚チェーン設立 大型店規制強化に対する反対署名運動の全店展開 共存共栄型ショッピングセンター、青森で出店
１９７９年	ジャスコの株式３００万株出資による岡田文化財団設立	
１９８１年	岡田文化財団、シャガールの絵画を三重県立美術館に寄贈。以降も何点か寄贈。	
１９８２年	東京商工会議所商業部会長就任	
１９８３年	「大黒柱に車をつけよ」上梓	

1984年	ジャスコ（株）代表取締役会長就任	
1985年	藍綬褒章受章	
1987年	東京商工会議所副会頭就任	株主優待制度、オーナーズカード発行
1989年	ふるさと伝統産業振興財団設立（ジャスコ株式200万株寄贈）	イオングループ1%クラブ設立 グループ名称がジャスコからイオンへ
1991年	イオン環境財団設立（イオン株300万株寄贈）	
1993年	財団法人日本ファッション協会理事長就任	
1995年	日本小売業協会会長就任 日本ショッピングセンター協会会長就任	
1997年	ヤオハンジャパン、事業管財人就任	
2000年	金婚式 ジャスコ代表取締役会長を退任。名誉会長相談役就任	
2001年		ジャスコがイオンに社名変更
2002年	早稲田大学から名誉博士号授与	
2005年	「小売業の繁栄は平和の象徴」上梓	
2007年		丸紅・ダイエーと資本・業務提携
2022年	姉の小嶋千鶴子死去（106歳）	
2023年	旭日大綬章受賞	

参考文献

朝日新聞（二〇一四）「商人魂燃ゆ」一月二〇日。

荒田弘司（二〇一三）『商いの原点：江戸商家の家訓に学ぶ』すばる舎。

イオン（二〇二〇）『ジャスコ三十年史の集約』イオン株式会社。

イオン環境財団（二〇二一）『イオン環境財団三〇年の歩み：一九九〇～二〇二〇』。

伊貝武臣（二〇二〇）『第1次流通革命の担い手 イズミヤの100年』（夢叶舎）Kindle版。

石井淳蔵（一九九六）『商人家族と市場社会』有斐閣。

石井淳蔵（二〇一七a）『中内㓛』PHP研究所。

石井淳蔵（二〇一七b）「二つの流通革命～中内㓛と中内力」（石井二〇一七a、所収）。

石井淳蔵（二〇二二）『進化するブランド　オートポイエーシスと中動態の世界』碩学舎。

石井淳蔵・高室裕史・柳　到亨・横山斉理（二〇〇九）「小売商業における家業継承概念の再検討～日韓比較研究を中心にして」『国民経済雑誌』一九五巻。

石原武政・石井淳蔵（一九九二）『街づくりのマーケティング』日本経済新聞出版。

石原武政・矢作敏行編著（二〇〇四）『日本の流通百年』有斐閣。

江釣子ショッピングセンター・パル（二〇〇一）『パル二十年史～商人の道を求めて』。

大友達也（二〇〇七）「《研究展望》あの弱かったイオンがダイエーを呑み込んでしまった。何故？」同志社大学人文科学研究所『社会科学』所収。

岡田卓也（一九八三）『大黒柱に車をつけよ～私の体験的経営論』東洋経済新報社。

岡田卓也（二〇〇七）『岡田卓也の十章』商業界。

岡田卓也（二〇一〇）「講演記録」（流通科学大学中内ゼミ、二〇一〇年一一月二〇日）。

岡田卓也（二〇一二）『小売業の繁栄は平和の象徴』日本経済新聞出版。

奥住正道（一九八三）『証言・戦後商業史』日本経済新聞出版。

小倉榮一郎（二〇〇三）『近江商人の理念』サンライズ出版。

加護野忠男（二〇一四）『経営はだれのものか～協働する株主による企業統治再生』日本経済新聞出版。

カスミ（二〇一一）『天長地久～されどいまだ五十年』株式会社カスミ創立五十周年記念誌。

簡　施儀（二〇〇二）「小売業家族従業とジェンダー」『流通研究』五巻二号。

簡　施儀（二〇〇五）「小売業家族従業の内部構造に関する一考察―台湾における個人商店と加盟店の比較」『流通研究』八巻一号。

簡　施儀・石井淳蔵（二〇〇八）「家族と人的ネットワークからなる商店街」『流通研究』十巻第三号。

神林照雄（一九九五）『経営は宗教なり』致知出版社。

神林照雄ほか（一一九三）『現代の賢者たち』致知出版社。

木村　敏（一九八二）『時間と自己』中央公論新社。

倉本長治（一九七七）『みち楽し』商業界。

倉本初夫（二〇〇五）『倉本長治～昭和の石田梅岩と言われた男』商業界。

小嶋千鶴子（一九七七）『あしあと』求龍堂。

小嶋千鶴子（二〇〇三）『あしあとⅡ』求龍堂。

作道洋太郎編著（一九七九）『住友財閥史』教育社。

佐藤　肇（一九七四）『日本の流通機構』有斐閣。

産経新聞取材班（二〇〇二）『ブランドはなぜ堕ちたか』角川書店。

柴田　実（一九八八）『石田梅岩』吉川弘文館。

ジャスコ（二〇〇〇）『ジャスコ三〇年史』ジャスコ株式会社。

城島明彦（二〇一六）『石田梅岩「都鄙問答」』致知出版。

瀬岡　誠（一九九八）『近代住友の経営理念』有斐閣。

ダイエー（一九九二）『ダイエーグループ三五年の記録』株式会社ダイエー。

高室裕史・石井淳蔵（二〇〇五）「小売業における家族従業の分析枠組み」『国民経済雑誌第一九一巻第四号。

滝沢克己（一九七三）『日本人の精神構造～イザヤ・ベンダサンの批評にこたえて』講談社。

竹中靖一（一九七七）『日本的経営の源流─心学の経営理念をめぐって』ミネルヴァ書房。

田中　陽（二〇二三）「イオンを支え、イオンにささげた『チーちゃんの一生』日本経済新聞（六月二一日）。

田村正紀（一九八二）『流通産業大転換の時代』日本経済新聞社。

崔　相鐵・柳　到亨（二〇〇六）「韓国の商業政策の展開と商人の事業継承」『流通科学大学論集』二〇巻一号。

崔　相鐵、柳　到亨（二〇一四）「韓国における流通政策の展開と伝統的商業集積の問題性」『流通研究』十七巻二号。

近野兼史（二〇一〇）『母ちゃんありがとう』創英出版。

近野兼史（二〇二三）「すべては感謝から」http://www.konnokenji.jp/ayumi/okyakusama.asp
東海友和（二〇〇九）『イオン　人本主義の成長経営哲学』ソニーマガジンズ。

東海友和（二〇一八）『イオンを創った女──評伝 小嶋千鶴子』プレジデント社。

東海友和（二〇二一）『イオンを創った男』プレジデント社。

中内　力（二〇〇四）『選択～すべては出会いから生まれた』神戸新聞総合印刷。

永井紗耶子（二〇二二）『商う狼』新潮文庫。

西田幾多郎（一九二七）「働くものから見るものへ」西田幾多郎全集四巻所収、岩波書店。

西端春枝（一九九四）『縁により縁に生きる』パルス出版。

日経ビジネス（一九九五）「ダイエー中内㓛が阪神大震災後に見せた不屈の闘志」日経ビジネス一九九五年三月六日号。

日経ビジネス（二〇二〇）「カスミ小濱裕正：スーパーは地域と共に（1）（2）（3）（4）」四月。

貫井陵雄（一九九九）「住友家法に見る経営倫理の精神」日本経営倫理学会誌第六号。

丸山真男（一九九八）『講義録第一冊』東京大学出版会。

宮本又次／作道洋太郎編著（一九七九）『住友の経営史的研究』実教出版。

宮本又郎（二〇一六）『渋沢栄一』ＰＨＰ研究所。

三戸　公（一九九一）『家の論理2～日本的経営の成立』文真堂。

三戸　公（一九九四）『「家」としての日本社会』有斐閣。

森田健司（二〇一二）『石門心学と近代―思想史学からの近接―』八千代出版。

森田健司（二〇一五）『石田梅岩　峻厳なる町人道徳家の孤影』かもがわ出版。

森田健司（二〇一五）『なぜ名経営者は石田梅岩に学ぶのか？』ディスカヴァー・携書。

矢作敏行（一九九七）『小売りイノベーションの源泉：経営交流と流通近代化』日本経済新聞出版。

矢作敏行（二〇二一）「コマースの興亡史 商業倫理・流通革命・デジタル破壊」日本経済新聞出版。

山本七平（一九七七）『空気の研究』文藝春秋社。

山本七平（一九九七）『日本資本主義の精神』文藝春秋社。

結城義晴（二〇一六）「店は客のためにある」『月刊　商人舎』二〇一六年六月号。

吉田貞雄（一九八五）『ジャスコ「新」連邦制経営』ダイヤモンド社。

米村千代（一九九九）『「家」の存続戦略』勁草書房。

米村千代（一九九二）「『家』の創設と家憲―家憲制定者の『家』」『年報社会学論集』五号。

李　敬泉（二〇〇四）「ジャスコの出店戦略」『経営研究』五巻一号。

柳　到亨（二〇〇六）「事業継承意志の高揚に関する決定要因分析」『国民経済雑誌』。

柳　到亨（二〇〇七）「小売商業の事業継承における家族理念意識の影響に関する実証研究」『流通研究』十巻一・二号。

柳　到亨、横山　斉理（二〇〇九）「商店経営者の「家業意識」に関する実証研究」十一巻三号。

柳　到亨（二〇一三）『小売商業の事業継承』和歌山大学経済学部研究叢書。

エディス・ペンローズ（一九八〇）『会社成長の理論（第二版）』（末松玄六訳）ダイヤモンド社。

レヴィ・ストロース（二〇一四）『月の裏側』（川田順造訳）中央公論新社。

【インタビュー記録】

イオン株式会社名誉会長相談役岡田卓也氏（流通科学大学リサーチノート二二、二〇一三年）。

イオン株式会社名誉会長岡田卓也氏（二〇二二年六月三〇日）。

カスミ代表取締役会長小濵裕正氏（流通科学大学リサーチノート一九、二〇二二年）。

カスミ名誉会長相談役小濵裕正氏（二〇二二年七月二十日）。

ビッグA社長三浦弘氏（二〇二三年五月一五日）。

あとがき

本書の主人公は岡田卓也氏、その主たる舞台は「株式会社ジャスコ」です。岡田氏が岡田屋を継いで流通革命の荒波に舟を漕ぎ出し、ジャスコを創業し、そこに多くの商人が集まり、発展した時代が対象となります。

ジャスコがその名で活動したのは短い期間でしたが、そのなかで「公器としての店」「心と心の合併」「連邦制経営」という一連の思想が芽生え、それが現実・具体のものとなりました。本書では、その経緯を、商人思想史と企業者史比較の二つの視点（テーマ）から探りました。

ジャスコの歴史資料は、短い期間だったとはいえ膨大です。千頁を超える社史がすでに存在します。私の手元に置かれたジャスコ社史には付箋がいっぱい貼られていて、閉じるのに難儀するほどになっています。そんな立派な社史から見ると、本書の話は限られています。ただ、限られた話であっても、問題意識ははっきりしています。ここではまず問題意識の系譜を述べたいと思います。

本書の問題意識の系譜

日本の街場の商人たちは、自身の利益を目指すだけでなく、「家族のために」「街の仲間のために」「取引先のために」そして「お客さんのために」、商いを続ける傾向があることは最終章で触れました。そんなことに気づいたのは、三〇年も前、石原武政先生との共同研究においてです（石原・石井・一九九二）。

そんな気づきを得て、最初に浮かんだ疑問は、そうした日本の街場の商人の意識は、日本独特のものなのかというものです。それを明らかにするためにまず、欧米との比較を試みました。しかし、欧米には、家業を継承するという習慣がそもそも乏しく、それもあって街場商人の姿は統計の数字で見ることさえできない状態でした（石井・一九九六）。

そこで、同じ漢字文化圏・儒教文化圏に属している東アジアの街場商人を調べることにしました。そして、二一世紀に入った頃、数年かけて東アジアの一〇カ所あまりの都市を多くの研究仲間と一緒に調査をすべく訪問しました。

それぞれの国の小売市場や商店街において、日々の食材等を売る姿はほとんど変わらないように見えました。しかし、商人たちに直接会って話を深く聞くと、商いに対する意識は日本のそれとはかなり違うことがわかってきました。

まず、東アジアの商人たちは、組合活動を軸とする街としての共同活動にあまり関心がありません。自分たちが商いをしている通りや街に、儲けを再投資する気持ちもそれほど強くありません。街の小売商をやめて、卸売業／製造業／金融業へ移りたいと思う人も少なくありませんん。そもそも彼らからは、小売商人としての誇りというものをあまり感じられませんでした。

「子供に、自分の働いている姿を見せたくない」と言う人もいたくらいです。

日本と東アジア、街の商い風景は似ていても、そこで働く商人の意識はかなり違っていました。日本の商人たちがもっている家族や街や業界の仲間に向けた社会性や公共性の意識は、東アジアの商人たちにおいては希薄であることを実感しました[1]。

こうして、日本の商人たちの意識の独自性が見えてきたのですが、問題は、それが日本の商業や流通のありようにどのような影響を与えてきたのかそして与えうるのか、です。そこが明らかにならないと、商人意識の話も空論でしかありません。

流通革命以前の日本の商業の姿については、石井（一九九六）で検討しました。街場の商人の意識と小売商業の構造と地域住民の生活とは互いに支え合うような関係にあったことがわかりました。

しかし、流通革命以後はどうでしょうか。そうした街場の商人たちはその数を大きく減らし、その役割も存在感も失っているように見えます。近代化した流通体制が確立するなか、日本独特とも思える商人意識も消え去るのみ、という有様に思えました。

そんなとき、岡田卓也氏とお会いし、いろいろと話を伺う機会を得ました。それが本書のスタートになります。そこから、岡田氏の「経営者としての姿勢や事績」、小嶋千鶴子氏の「伝統的な日本的経営への強い意思」、そして二木一一氏をはじめとするジャスコに集うローカルチェーンの商人たちの「創業の思いやその後の活躍ぶり」を学びました。

岡田ジャスコの研究を終えた今、岡田ジャスコがそうであったように、倫理観に支えられた日本の商人の意識や姿勢は、新しい時代にあっても重要な役割を果たすのではないかと思っています。

以上が、本書に取り組んだ問題意識ならびに研究の経緯です。

歴史は、「理」だけでは割り切れない

さて、歴史との対話を、本書では二つの視点で試みました。しかしそれでもって、本書全体の話を割り切れるかというとそういうわけではありません。というのも、視点の「理」だけで理解し尽くせるものではないからです。岡田氏をはじめとした登場人物の「人間的魅力」や「だれかのために尽くしたいという気持ち」や「一か八かの人生を賭けた決断」や「なんとしても成し遂げたいという不退転の思い」といった「情」の要素も、歴史においては大きい役割を果たします。

そうした情の面で見ると、個人的には、ジャスコ誕生時の「心と心の合併」を宣言された時の苦労されたエピソードが印象に残ります。そのとき、「身を捨ててこそ浮かぶ瀬もあれ」の句が私の心に浮かびました。だれもが知る有名な句ですが、その前段には、「山川の末に流る橡殻《とちがら》も」の句がきます（「空也上人絵詞伝」出典）。堅い実を包んだままでは橡の実は川底をころころと転がるばかりで水に浮くことはできない。ところが、その殻が開いて実が外に出た

とき、その殻は水面に浮かび上がることができる、…。

私たちも、「実を取るか、大事を取るか」の選択に直面することがあります。そんなときこの句は、自分の身は捨てると大事が成ることがあることを教えてくれます。

ジャスコ合併時に、岡田氏をはじめとして合併三社の首脳陣はまさにそんな選択を迫られました。悪くすると、合併三社が共倒れになる可能性もありえたなか、どうするかの決断が迫られました。「自分たちの身を大切に」と、躓《つまづ》いた一社を切り捨てる道もありました。ですが、それだと彼らが掲げた「心と心の合併」の精神は失われるかもしれません。こんなときどうすればよいのか、だれもが納得する答えはありません。

本書で取り上げた「心と心の合併」や「公器としての店」ということばは美しいことばです。聞けばだれにでも意味はわかるし、誰しもそうありたいと願って不思議はありません。しかし、掲げたそのことばを現実に守り続けるのは簡単ではありません。本書の主人公の岡田氏、小嶋千鶴子氏、そして二木一一氏には不退転の覚悟があり、それがジャスコの誕生と発展につながりました。人生を賭けるという強い「情」が「心と心の合併」という「理」を支えたわけです。

中動態的な理解

本書では、主人公の岡田氏の周囲でさまざまに活躍する商人たちに言及しています。彼らが自身の店を開業するときの苦労や、彼らの商いにかける思い、さらにはそれぞれの商人たちの信頼し合う関係についても触れています。演劇世界で言う群像劇の様相です。

その背景には、ジャスコ設立および発展においては、それら商人たちの思いと交流が大きい役割を果たしたことがあります。ジャスコに集った商人たちの思いや行為が集まり、ジャスコというひとつの確かな存在が創られたと考えます。

「思いや行為が寄り集まって確かな存在が生まれ発展する」という理解は、勝手な命名ですが中動態的理解と呼べます。そこでは、「だれかが、このような方法で世界を創った」という、明確な主体は想定されません。「明確な主体がいて、その主体が世界を創る」という理解は、能動態的理解です。

この中動態用法は、日本では古代から用いられてきました。中動態用法を用いることで、「共在する人々が、互いに気持ちや行為を寄せ合い重ね合わせながら、ひとつの世界が生まれていく」というコトの経過を見ることができます。

その意味では、本書は、テーマは異なりますが、私の前作の「進化するブランド〜オートポイエーシスと中動態の世界」（二〇二二）のそれと同じ「中動態の世界観」のなかにあります。

前作では、わが国独自のブランドスタイルの誕生を問うなかで中動態というわが国独特の言語用法の果たした役割に迫りましたが、本書においてはその世界観を意識しながら全体を書き進めました。

感謝のことば

多くの方に感謝を申し上げなければなりません。

まず最初に、イオングループ名誉会長の岡田卓也氏です。私が岡田氏にお会いしたのは二〇〇八年です。岡田氏が流通科学大学の理事を引き受けられたのがこの年で、ちょうど私も同大学学長に就任した年でした。その当時の流通科学大学の理事会は豪華メンバーでした。理事長に中内功氏のご子息の潤氏、そして理事に岡田氏と伊藤雅俊氏と清水信次氏が就いておられました。わが国の流通革命を担われたリーダーの方々です。そんな機会を得て、「いつか流通革命にかかわった創業者の方々の評伝に挑みたい」という思いが生まれました。

その後、岡田氏とは二〇一三年と二〇二二年に二度、イオン幕張本社の高層階でインタビューさせていただきました。一三年の時には、高層階から下を眺めながら、建築工事中の建物を指さされて、イオンの構想を語っていただいたことを憶えています。二二年のときはコロナ禍の最中で直接の対話が避けられていた時期でしたが、インタビューに応じていただき、本書の構想にかかわってお話を伺いました。この二つのインタビューが本書の骨格になります。

もうおひとり、カスミ相談役の小濵裕正氏にも感謝いたします。上記の各氏が流通革命第一世代経営者とすれば、小濵氏は第一世代が創り出した流れを、ある意味で批判的に継承した第二世代経営者です。本論考がうまくまとまらず悩んでいた二二年の夏にインタビューをお願いし、貴重なご助言をいただきました。

イオン傘下のビッグAの三浦弘社長にもインタビューをさせていただきました。三浦氏とは、二〇一七年に中内氏の評伝を著したとき、イオン子会社のダイエーで二度にわたり講演をさせていただく機会があり、それ以来のご縁です。三浦氏自身、ダイエー出身ですが、イオンのディスカウンタービジネスの中核経営者となって活躍されています。

本書の主人公は岡田氏ですが、もうおひとり挙げるとすれば、小嶋千鶴子氏です。同氏の「あしあとⅠ・Ⅱ」を読ませていただき、多くの学びをいただきました。お会いしてお話をお聞きしたいと思いインタビューを申し込みましたが、ご高齢ということで受けてはいただけませんでした。同氏が創設された三重県にあるパラミタミュージアムに行っていろいろの作品を拝見させてはいただいたものの、お会いしてお話をお聞きできなかったことが心残りです。

流通科学大学理事長の中内潤氏には、こうした問題意識を育てる機会を与えていただいただけでなく、今回の執筆においても変わりなくいろいろと温かいご配慮をいただきました。

また、それらインタビューに際しては、日本スーパーマーケット協会の中間徳子さんと流通科学大学の木村美邦子さんにお世話になりました。お二人共にダイエー出身であることを誇りに明るく元気に働いておられます。同じ仲間の平江文乃さんにもいろいろ助言と励ましをいただきました。

研究仲間にも、ご支援をいただいています。崔相鐵氏と清水信年氏と入江信一郎氏には、本書ドラフトに目を通していただきました。いろいろといただいたコメントにより、私としても納得のいく結論にもっていくことができました。また、本書出版前の碩学舎研究会では、太田一樹、依田祐一、柳到亨、明神実枝、山本奈央、廣田章光、西川英彦、栗木契、松井剛、水越康介の諸氏から貴重なご助言をいただきました。

日本的経営の思想や伝統、さらには会社経営のあるべき姿については、加護野忠男氏の著作から多くのことを学びました。氏はいつも私の一歩先を歩んでおられます。また、前著『中内㓛～理想に燃えた流通革命の先導者』に対する小川孔輔先生の温かい書評は、本書を仕上げるうえで大きい励ましとなりました。

最後になりますが、中央経済社の市田由紀子編集長には、この一〇年以上、ずっと編集・校正のお世話をいただいています。今回も丁寧な編集・校正に加え、本を仕上げるうえで適切な助言をいただきました。

以上の方以外にも、多くの方々のご協力・ご支援を受けています。それらすべての方に、あらためて心よりのお礼を申し上げます。

令和六年十月吉日

1) この海外調査研究をきっかけとして、東アジアの研究者を中心に、東アジアを舞台とする街場商人研究が進展しました。箇（二〇〇二、二〇〇五）、箇・石井（二〇〇八）、崔・柳（二〇〇六、二〇一四）、柳（二〇〇六、二〇〇七、二〇一三）、柳・崔（二〇〇六）、柳・横山（二〇〇九）などです。また、高室・石井（二〇〇五）および石井ほか（二〇〇九）では、東アジア調査研究を包括する仮説的枠組みを提起しています。

さ行

た行

な行

索　引

あ行

か行

［著者紹介］

石井淳蔵（いしい　じゅんぞう）

神戸大学名誉教授。流通科学大学名誉教授。商学博士。

1975年神戸大学大学院経営学研究科博士課程修了。同志社大学商学部教授、神戸大学大学院経営学研究科教授、流通科学大学学長、流通科学研究所所長等を経て現職。

著書に『進化するブランド　オートポイエーシスと中動態の世界』（碩学舎）『1からのマーケティング』（編著，碩学舎）『1からのブランド経営』（編著，碩学舎）『マーケティングの神話』（岩波現代文庫）『ブランド　価値の創造』（岩波新書）『シリーズ流通体系／小売業の業態革新』（編著，中央経済社）ほか多数。

碩学ビジネス双書

岡田卓也の時代　—公器の理念が支えた静かなる流通革命

2024年12月30日　第1版第1刷発行

著　者　石井淳蔵
発行者　石井淳蔵
発行所　㈱碩学舎
〒101-0052 東京都千代田区神田小川町2-1 木村ビル 10F
TEL 0120-778-079　FAX 03-5577-4624
E-mail info@sekigakusha.com
URL https://www.sekigakusha.com
発売元　㈱中央経済グループパブリッシング
〒101-0051 東京都千代田区神田神保町1－35
TEL 03-3293-3381　FAX 03-3291-4437
印　刷　東光整版印刷㈱
製　本　誠製本㈱

ISBN978-4-502-51291-9　C3034